파노라마
요르단

일러두기

· 이 책은 구성과 형식에서 저자들의 독자적인 기준을 최대한 살렸습니다.
· 성경 구절 속 몇몇 띄어쓰기는 국립국어원 어문 규정을 따랐습니다(예: 시내 산→시내산, 그 때→그때, 그 날→그날).
· 인용 출처에는 '창, 출, 레, 민, 신'과 같은 약어를 썼으며, 한 절 전체가 아닌 일부를 발췌 수록한 곳도 있습니다.

파노라마 요르단

광야에서 만난 하나님

SIGONGSA

목 차

1

Panorama
of Beyond
Jordan

요단강 건너편 파노라마

2

Jordan
Big 4 Guide

요르단 Big 4 현장 가이드

이 일은 요한이 세례 베풀던 곳 요단강 건너편 베다니에서 일어난 일이니라 / 요 1:28

우성길

코카서스 조지아, 아르메니아 가이드
기독 문화 연구가
요르단 - 가이드
성경 성지 연구가
우화 소설 『위대한 비행』 저자

먼저 부족한 사람을 택하시고, 힘써 쓰게 하신 하나님께 모든 영광과 감사를 올립니다. 하나님, 당신의 인내와 열심으로 생애 가장 의미 있는 시작과 끝을 보게 되었음을 고백합니다.

하나님은 모든 것이 제때에 알맞게 일어나도록 만드셨다. - 전3:11 (새번역) -

하나님을 사랑하는 사람들, 곧 하나님의 뜻대로 부르심을 받은 사람들에게는, 모든 일이 서로 협력해서 선을 이룬다는 것을 우리는 압니다. - 롬8:28 (새번역) -

그리스도인의 만남에 우연은 없습니다. 여기, 하나님을 사랑하는 사람들이 모이고 협력하여 선을 이루게 된 것은 분명 그분의 섭리일 것입니다. 언젠가 성경에 무지한 자신을 자각하며 도무지 감당할 수 없는 무게로 펜을 내려놓으려 했을 때 내 안에 잔잔히 들려온 음성이 있었습니다. '네가 하는 게 아니라, 내가 하는 것이다.' 그리고 마침표를 향해 달려갈 때쯤 — 두어 달간 집필에 몰두한 몰골 ; 덥수룩한 수염이 무척이나 거칠고, 초췌해진 모습으로 — 다양한 직함을 가진, 이강만 장로님을 만났습니다. 그렇게 의미 있고, 흥미로운 동행이 시작되었습니다. 여기에 오랜 인연인 한희원 화가님의 합류로 묵상의 깊이를 더하게 되었고, 동글동글한 사과와 길쭉길쭉한 서양 배를 닮은 사랑하는 두 딸의 응원과 재능 기부로 한결 생동감 있는 글과 삽화가 완성되었습니다. 우연일 수 없는 이 일련의 과정을 생각해 보면, 하나님의 뜻이 여기에 있음을 확신하게 됩니다.

성경의 땅, 성지 요르단에서 늘 전하는, 또 나누는 말씀을 이렇게 나눌 수 있어 얼마나 감사한지 모릅니다. 우리 언젠가 요르단에서 만나게 되겠지요? 그날까지 하나님의 특별한 은총이 모든 독자분의 영과 삶 속에 충만하시길 기도합니다. 감사합니다.

삽화 1 우예닮 삽화 2 우예인 그림에 흥미와 재능을 주신, 하나님께 감사드립니다.

작가의 말
2

이강만

『미생 이야기 1, 2』의 저자
서울시 강남구 대치동에 있는
서울베다니교회의 장로
한화호텔앤드리조트 대표이사를 거쳐
현재 한화그룹 사장으로 근무 중

우연이라는 단어로 설명하기에는 너무나 기막힌 만남이 있다. 혹자는 그것을 필연이라 칭하기도 하고, 운명이라 부르는 경우도 있다. 우성길 작가와의 만남이 그렇다. 조지아 공식 출장 일정을 마치고 일행 대부분이 선택한 카즈베기가 아닌 시그나기로 행선지를 정한 것부터가 그렇다. 출장 기간 내내 안내를 해주셨던 여행사 박 사장님이 갑자기 사정이 생기는 바람에 긴급하게 수소문하여 오신 분이 우 작가다. 처음에 우리 일행은 눈앞에 나타난 밝고 환한 얼굴에는 아랑곳하지 않고, 갑작스러운 호출로 인해 미처 정리하지 못한 구레나룻만을 거슬려 했을 뿐이었다. 그런데 운전하는 우 작가 옆자리에 앉아서 함께 이런저런 얘기를 나누다 보니 어느새 그의 진면목이 드러나기 시작했다. 덤으로 그가 육군 헬기 조종사 출신이라는 것도, '청연'이라는 필명으로 우화 소설 『위대한 비행』을 쓴 것도 알게 되었다. 연이어 언어에서 풍기는 향기, 행동에서 나오는 그만의 신실한 믿음의 증거들이 적어도 나 자신에게는 성령의 감화 감동으로 다가왔다. 그것으로 충분했다. 짧은 몇 시간에 우리는 수년을 알고 지내 온 지인처럼 가까워졌다.

그러나 여행은 불과 몇 시간 만에 끝나 버렸고 서로 만날 약속도 없이 헤어졌다. 여행이 주는 여운은 대개 거기서 끝나기 마련이다. 하지만 우린 이후에도 서로 지속적으로 연락하고 어느 지점에서 우리가 서로 만나야 할지를 논하고 있었다. 그게 바로 『파노라마 요르단』이다. 우리는 성경 한 자락을 붙잡고 다시 의기투합한 것이다. 물론 우 작가의 두 따님 예닮과 예인의 뛰어난 예술적 재능이 큰 연결고리가 되었음을 또한 부인할 수 없다. 하나님을 향한 그의 간절함과 열정에 비해 나 자신은 한없이 미미하고 부족한데도 그의 선한 여정에 함께할 수 있어 참 기쁘고 큰 복이라 생각한다.

한희원 화가와의 만남은 더 극적이다. 주한 조지아 대사(Mr. Tarash Papaskua)에게 우 작가를 소개시켜주고 싶어서 우연히 귀국한 그를 조지아독립기념일 행사에 초청하였는데, 그 행사장에서 우 작가의 오랜 지인인 한 화가를 만나게 될 줄이야. 한경직 목사님의 조카라는 소개가 있었을 때 유독 그 선한 얼굴만이 클로즈업되어 보였다. 그런데 교류하는 시간이 쌓여갈수록 그분의 달란트가 넘치도록 많음을 알게 되고 그 또한 하나님의 은혜임을 실감하게 된다. '파노라마 요르단'에 한 작가께서 합류한 것은 또 다른 행운이라 생각한다.

끝으로 이 작품을 통해 더 많은 분들이 '내 발에 등이요 내 길에 빛'이신 주님의 말씀을 묵상하며 하나님께 영광 돌리는 삶을 살기를 간절히 소망한다.

마성호

서울베다니교회 목사

『파노라마 요르단: 광야에서 만난 하나님』이란 책은 『위대한 비행』의 저자 우성길 작가와 『미생 이야기 1, 2』의 저자 이강만 작가가 조지아에서 극적으로 만남으로써 만들어지게 된 책이다. 우성길 작가는 성경 성지 연구가이자, 코카서스 조지아, 아르메니아, 요르단 여행 가이드이며, 기독 문화 연구가이기도 하다. 또한 이강만 작가는 한화 그룹에 사원으로 입사하여 한화 호텔앤드리조트 대표 이사를 거쳐 현재 한화그룹 사장으로 재직하고 있는 입지전적인 인물이다. 두 작가 간에는 겉으로 볼 때 비슷한 점이 없을 듯하지만, 두 분은 모두 하나님을 뜨겁게 사랑하는 믿음의 사람이라는 공통점이 있다.

우성길 작가는 하나님을 사랑하여 성경 성지 연구와 기독 문화 연구에 헌신하였으며, 성지를 찾는 분들에게 복음을 전하고, 성경을 더 잘 이해할 수 있도록 성경의 역사와 배경과 문화를 알려주는 성지 선교사, 문화 선교사다. 하나님 한 분을 붙잡고 머나먼 이국 땅에서 온갖 어려움을 극복해 왔고, 현재도 사랑하는 아내와 두 딸과 함께 늘 믿음 가운데 살아가고 있는 참 그리스도인이다. 탁월한 예술적 달란트를 가진 두 딸, 예닮과 예인 양이 직접 그린 삽화는 글의 내용을 더욱 생생하고 시각적으로 이해하는 데 큰 도움을 주고 있는데 이는 그들 내면에서 우러나오는 하나님에 대한 경외에서 비롯된 것임을 알 수 있다.

이강만 작가는 서울베다니교회 시무장로다. 담임목사로서 14년을 함께 신앙 생활을 하며 바라본 이강만 장로는 한 마디로 하나님을 사랑하는 분이다. 하나님 말씀에 순종하기를 힘쓰며, 겸손하며, 영혼 구원에 힘쓰는 분이다. 그리고 기도에 힘쓰며, 예배를 귀히 여기는 분이다, 해외 또는 지방 출장을 제외하고는 주일예배, 수요예배는 물론 새벽기도도 빠지는 일이 거의 없을 정도로 기도와 예배를 귀하게 여기는 분이다. 그는 또한 섬기고 봉사하는 분이다. 지난 14년동안 주일

학교 부장, 성가대 대장, 친교부장, 교육부장, 선교 전도부장 등 여러 부서에서 헌신적인 봉사를 하였으며, 지금은 재정부장으로서 중책을 맡아 신실하게 감당하고 있다.

이렇게 두 분이 하나님을 지극히 사랑하는 마음이 있었기에, 조지아 출장길에 몇 시간 함께 있다 헤어진 사이였지만, 그 짧은 시간에 서로 영적인 대화, 믿음의 대화를 한 덕분에 성령의 역사로 말미암아 『파노라마 요르단』이란 책의 출간으로 이어질 수 있었다.

보통 성지에 관한 책은 시간별, 지역별, 테마별로 구분하여 쓰는 것이 일반적이지만, 이 책은 우성길 작가가 오랫동안 성지를 연구하고, 현장을 방문하면서 감동받은 내용, 새롭게 깨닫게 된 내용, 중요한 내용 등을 자유로운 방식으로 서술하였다. 이 책의 기본적인 틀은 출애굽한 이스라엘 백성들이 시내산에 도착하여 광야를 거쳐 가나안으로 나아가는 과정을 기록하고 있지만, 거기에 매이지 않고 다양한 내용들을 추가로 설명하고 있다.

그 내용은 다음과 같다. 출애굽 후 광야 40년 기간 동안 하나님의 임재, 인도, 동행, 보호, 훈육의 과정이 그 하나요, 또 하나는 하나님의 언약과 제사장 국가 탄생인 것이다.

이강만 작가가 보여주는 '미생의 쉬어 가는 페이지'는 독자에게 성경에 대한 지식과 교훈과 웃음을 선사하는 청량제 역할을 한다. 중간 중간에 적절히 배치되어 읽는 도중에 지루함을 잊게 해 준다. '미생의 쉬어 가는 페이지'에 나오는 내용은 다음과 같다. 엘리에셀, 와디럼 광야, 메드바, 므리바, 나발과 아비가일, 압살롬, 발람과 나귀, 브니엘과 마하나임, 기생 라합, 바르실래.

끝으로 많은 분들이 이 책을 통해 하나님을 더욱 사랑하고, 성경을 더 잘 이해하고, 하나님 말씀에 순종하는 삶을 살아갈 수 있게 되기를 소망하며 기도한다. 주님께 영광!

나의 혀를 한껏 힘 있게 하시어
당신의 영광의 불티를 단 하나만이라도
미래의 사람들에게 남겨 주게 하소서!

[신곡] 천국편 33곡 / 단테

구하는 이마다 받을 것이요 찾는 이는 찾아낼 것이요
두드리는 이에게는 열릴 것이니라 / 마 7:8

너희 중에 누구든지 지혜가 부족하거든 모든 사람에게
후히 주시고 꾸짖지 아니하시는 하나님께 구하라
그리하면 주시리라 / 약 1:5

세례 요한의 때부터 지금까지 천국은 침노를 당하나니
침노하는 자는 빼앗느니라 / 마 11:12

Sparks of

낙타 무릎!

광야의 낙타는 '기도의 사람 - 야고보'를 떠오르게 한다.

Glory

Kein. 2024

교회당이 있는 언덕에 오르면 별은 더 가까이 온다
별을 향해
하~~~~
하고 입김을 불어본다

별이 보이는 언덕길, 한희원 2021

1 요단강 건너편 파노라마

Panorama of
Beyond Jordan

Panorama of Wilderness

#1
광야

* 광야(曠野) : '빈 들', '없음. 그러나 있음.'

〈창 6:5-9〉

6 땅 위에 사람 지으셨음을 한탄하사 마음에 근심하시고 이르시되 내가 창조한 사람을 내가 지면에서 쓸어버리되

7 사람으로부터 가축과 기는 것과 공중의 새까지 그리하리니 이는 내가 그것들을 지었음을 한탄함이니라 하시니라

8 그러나 노아는 여호와께 *은혜를 입었더라

9 이것이 노아의 족보니라 노아는 의인이요 당대에 완전한 자라 그는 하나님과 동행하였으며

첫 번째 파노라마
언약의 광야

*חֶסֶד(헤세드) - Grace, a gift from God

*בְּרִית(베리트) - One-sided covenant

〈창 6:17-18〉

17 내가 홍수를 땅에 일으켜 무릇 생명의 기운이 있는 모든 육체를 천하에서 멸절하리니 땅에 있는 것들이 다 죽으리라

18 그러나 너와는 내가 내 *언약을 세우리니

〈민 24:17〉

한 별이 야곱에서 나오며 한 규가 이스라엘에서 일어나서

떠나는 아브라함(The Departure of Abraham) /
József Molnár

하늘의 별과 같으리라
〈창 15:5-7〉

5 그를 이끌고 밖으로 나가 이르시되
   하늘을 우러러 뭇별을 셀 수 있나
   보라 또 그에게 이르시되 네 자손이
   이와 같으리라
6 아브람이 여호와를 믿으니
   여호와께서 이를 그의 의로 여기시고
7 또 그에게 이르시되 나는 이
   땅을 네게 주어 소유를 삼게 하려고
   너를 갈대아인의 우르에서 이끌어 낸
   여호와니라

美生의

쉬어 가는 페이지

이강만 작가

하란, 아브라함 가문과의 인연이 숨겨진 곳

하란, 데라가 그의 큰아들 아브라함과 손자인 롯(셋째 아들 하란의 아들)을 데리고 고향 갈대아 우르를 떠나 가나안 땅으로 가기 위해 머물러 있다가 205세에 죽었던 곳이다. 현재는 튀르키예(옛 터키) 땅으로 메소포타미아와 지중해와 아시아와 가나안으로 연결 되는 국제무역의 길목에 자리 잡고 있는 곳이다.

하란은 믿음의 조상인 아브라함 가문과 매우 인연이 깊은 도시인데, 이러한 인연의 연 결점에 다메섹 사람 '엘리에셀'이 있다는 것은 잘 알려져 있지 않다.
아브라함이 80세가 되어서도 자식이 없자 오랫동안 자신의 집안을 도와준 하인 엘리에 셀을 상속자로 삼으려 한다. 그러자 하나님께서 아브라함의 핏줄만이 상속자가 될 것이 라 말씀하심으로써 엘리에셀은 졸지에 상속자 후보에서 제외된다. 곧 아브라함에게서 이스마엘이 태어나고 이후 14년이 지나 이삭이 태어난다. 엘리에셀이 상속자가 되는 일 은 불가능해 보인다. 그런데 이즈음 이스마엘이 집에서 쫓겨 나가고 이삭은 40세가 되 도록 미혼인 상태였다. 이때 갑자기 아브라함이 엘리에셀을 부른다. 엘리에셀은 '그렇다 면 나에게 다시 기회가 찾아온 것인가?' 이런 달콤한 상상을 했을지도 모른다.

하지만 아브라함의 명령은 기대와 전혀 달랐다. 800km나 떨어진 자신의 고향 하란으 로 당장 가서 이삭의 배필을 찾아 데려오라는 것이다. 아닌 밤중에 홍두깨라고 기가 차 다. 그러나 엘리에셀은 충실한 사람이다. 주인에게 한마디만 묻는다. '혹 신부 될 여자가 자기를 따라 오려 하지 않으면, 되돌아 와서 이삭을 데려가는 것이 어떻겠냐고 말이다. 주인은 '잔말 말고 무조건 데려오라'고 한다. 어이없어 하는 대신에 엘리에셀은 곧장 출 장 채비를 하여, 그 먼 길을 수십 일 쉬지 않고 가서 단숨에 하란에 도착한다. 도착 시간 이 저녁이라 배가 고플 법도 한데, 리브가 가족으로부터 결혼의 승낙을 받은 후에서야 저녁을 먹는다. 그뿐 아니다. 이번 임무의 결과를 애타게 기다리고 있을 주인 아브라함 을 생각하여 하란에 도착한 바로 다음 날, 신부 측의 만류에도 불구하고 신부를 데리고 주인의 집으로 되돌아간다.
한번 생각해 보자.

내가 만일 엘리에셀의 입장이었다면 이렇게 할 수 있었을까?

리브가와 엘리에셀(Rebecca and Eliezer) / Bartolomé Esteban Murillo

이스라엘의 애굽 종살이(Israel in Egypt) / Edward Poynter

<창 15:6-17>

6 아브람이 여호와를 믿으니 여호와께서 이를 그의 의로 여기시고

7 또 그에게 이르시되 나는 이 땅을 네게 주어 소유를 삼게 하려고 너를 갈대아인의 우르에서 이끌어 낸 여호와니라

8 그가 이르되 주 여호와여 내가 이 땅을 소유로 받을 것을 무엇으로 알리이까

9 여호와께서 그에게 이르시되 나를 위하여 삼 년 된 암소와 삼 년 된 암염소와 삼 년 된 숫양과 *산비둘기와 집비둘기 새끼를 가져올지니라

10 아브람이 그 모든 것을 가져다가 그 중간을 쪼개고 그 쪼갠 것을 마주 대하여 놓고 그 새는 쪼개지 아니하였으며

11 솔개가 그 사체 위에 내릴 때에는 아브람이 쫓았더라

12 해 질 때에 아브람에게 깊은 잠이 임하고 큰 흑암과 두려움이 그에게 임하였더니

13 여호와께서 아브람에게 이르시되 너는 반드시 알라 네 자손이 이방에서 객이 되어 그들을 섬기겠고 그들은 사백 년 동안 네 자손을 괴롭히리니

14 그들이 섬기는 나라를 내가 징벌할지며 그 후에 네 자손이 큰 재물을 이끌고 나오리라

15 너는 장수하다가 평안히 조상에게로 돌아가 장사될 것이요

16 네 자손은 사대 만에 이 땅으로 돌아오리니 이는 아모리 족속의 죄악이 아직 가득 차지 아니함이니라 하시더니

17 해가 져서 어두울 때에 연기 나는 화로가 보이며 타는 횃불이 쪼갠 고기 사이로 지나더라

---

*   가난한 자들을 위한 속죄제 예물
- 만일 그의 힘이 어린 양을 바치는 데에 미치지 못하면 그가 지은 죄를 속죄하기 위하여 산비둘기 두 마리나 집비둘기 새끼 두 마리<레 5:7>
- 만일 그의 손이 산비둘기 두 마리나 집비둘기 두 마리에도 미치지 못하면 그의 범죄로 말미암아 고운 가루 십분의 일 에바 <레 5:11>

그날에, 여호와께서 아브람과 더불어 언약을 세워 이르시되

18 그날에 여호와께서 아브람과 더불어 언약을
    세워 이르시되 내가 이 땅을 애굽 강에서부터 그 큰 강
    유브라데까지 네 자손에게 주노니
19 곧 겐 족속과 그니스 족속과 갓몬 족속과
20 헷 족속과 브리스 족속과 르바 족속과
21 아모리 족속과 가나안 족속과 기르가스 족속과
    여부스 족속의 땅이니라 하셨더라
    <창 15:18-21>

10 너희의 하나님 여호와께서 너희를
    번성하게 하셨으므로 너희가 오늘날
    하늘의 별 같이 많거니와

11 너희 조상의 하나님 여호와께서 너희를
    현재보다 천 배나 많게 하시며 너희에게
    허락하신 것과 같이 너희에게 복 주시기를
    원하노라

    〈신 1:10-11〉

강에서 건진 모세(Moses Saved from the River) /
Nicolas Poussin

<출 3:1-5>

1   모세가 그의 장인 미디안 제사장 이드로의 양 떼를
     치더니 그 떼를 광야 서쪽으로 인도하여 하나님의 산
     호렙에 이르매

2   여호와의 사자가 떨기나무 가운데로부터 나오는
     불꽃 안에서 그에게 나타나시니라 그가 보니
     떨기나무에 불이 붙었으나 그 떨기나무가 사라지지
     아니하는지라

3   이에 모세가 이르되 내가 돌이켜 가서 이 큰 광경을
     보리라 떨기나무가 어찌하여 타지 아니하는고 하니
     그 때에

4   여호와께서 그가 보려고 돌이켜 오는 것을 보신지라
     하나님이 떨기나무 가운데서 그를 불러 이르시되
     모세야 모세야 하시매 그가 이르되 내가 여기 있나이다

5   하나님이 이르시되 이리로 가까이 오지 말라 네가 선
     곳은 거룩한 땅이니 네 발에서 신을 벗으라

Yein. 2024

신실하신 하나님
Faithful God

<출 3:6-10>

6 또 이르시되 나는 네 조상의 하나님이니 아브라함의
하나님, 이삭의 하나님, 야곱의 하나님이니라 모세가
하나님 뵈옵기를 두려워하여 얼굴을 가리매

7 여호와께서 이르시되 내가 애굽에 있는 내 백성의
고통을 분명히 보고 그들이 그들의 감독자로 말미암아
부르짖음을 듣고 그 근심을 알고

8 내가 내려가서 그들을 애굽인의 손에서 건져내고
그들을 그 땅에서 인도하여 아름답고 광대한 땅, 젖과
꿀이 흐르는 땅 곧 가나안 족속, 헷 족속, 아모리 족속,
브리스 족속, 히위 족속, 여부스 족속의 지방에 데려가려
하노라

9 이제 가라 이스라엘 자손의 부르짖음이 내게 달하고
애굽 사람이 그들을 괴롭히는 학대도 내가 보았으니

10 이제 내가 너를 바로에게 보내어 너에게 내 백성
이스라엘 자손을 애굽에서 인도하여 내게 하리라

내가
아브라함과 이삭과 야곱에게
주기로 맹세한 땅으로
너희를 인도하고 그 땅을
너희에게 주어 기업을
삼게 하리라

<출 6:8>

25

마른 홍해를 건너는 이스라엘(Crossing of the Red Sea) / Hans Jordaens III

<출 14:14-22>

14 여호와께서 너희를 위하여 싸우시리니 너희는 가만히 있을지니라

15 여호와께서 모세에게 이르시되 너는 어찌하여 내게 부르짖느뇨 이스라엘 자손을 명하여 앞으로 나가게 하고

16 지팡이를 들고 손을 바다 위로 내밀어 그것으로 갈라지게 하라 이스라엘 자손이 바다 가운데 육지로 행하리라

17 내가 애굽 사람들의 마음을 완악하게 할 것인즉 그들이 그 뒤를 따라 들어갈 것이라 내가 바로와 그의 모든 군대와 그의 병거와 마병으로 말미암아 영광을 얻으리니

18 내가 바로와 그의 병거와 마병으로 말미암아 영광을 얻을 때에야 애굽 사람들이 나를 여호와인 줄 알리라 하시더니

19 이스라엘 진 앞에 행하던 하나님의 사자가 옮겨 그 뒤로 행하매 구름 기둥도 앞에서 그 뒤로 옮겨

20 애굽 진과 이스라엘 진 사이에 이르러 서니 저 편은 구름과 흑암이 있고 이 편은 밤이 광명하므로 밤새도록 저 편이 이 편에 가까이 못하였더라

21 모세가 바다 위로 손을 내어민대 여호와께서 큰 동풍으로 밤새도록 바닷물을 물러가게 하시니 물이 갈라져 바다가 마른 땅이 된지라

22 이스라엘 자손이 바다 가운데 육지로 행하고 물은 그들의 좌우에 벽이 되니

[출 14:14 〈Exo. 14:14(NIV)〉]
여호와께서 너희를 위하여 싸우시리니 너희는 가만히 있을지니라!
The LORD will fight for you; you need only to be still!

두 번째 파노라마
기적의 광야

<출 14:29>
이스라엘 자손은 바다 가운데 육지로
행하였고 물이 좌우에 벽이 되었었더라

홍해를 건넌 기쁨(After crossing the Red Sea) / Rubens

〈출 16:4〉
'하늘에서 비 같이 내리는 양식' 만나

만나를 모으는 이스라엘 백성들(The gathering of the Manna) / James Tissot

〈출 17:1-7〉
'반석에서 강같이 흐르는 물' / 므리바(맛사)

바위를 치는 모세(Moses striking the rock) / Grebber

요단강 건너편 파노라마

#1 평안

〈출 3:12〉
하나님이 이르시되 내가 반드시 너와 함께 있으리라!

세 번째 파노라마
동행의 광야

<출 13:21-22>
여호와께서 그들 앞에서 가시며
낮에는 구름 기둥으로 그들의 길을 인도하시고 밤에는 불 기둥을 그들에게 비추사 낮이나
밤이나 진행하게 하시니 낮에는 구름 기둥, 밤에는 불 기둥이 백성 앞에서 **떠나지 아니하니라**

<1Co.10:1-4(NIV)>

our forefathers were all under the cloud and that they all passed through the sea. They were all baptized into Moses in the cloud and in the sea. They all ate the same spiritual food and drank the same spiritual drink; for they drank from the spiritual rock that accompanied them, and that rock was Christ.

<고전 10:1-4>

1　형제들아 나는 너희가 알지 못하기를 원하지 아니하노니 우리 조상들이 다 구름 아래에 있고 바다 가운데로 지나며

2　모세에게 속하여 다 구름과 바다에서 세례를 받고

3　다 같은 신령한 음식을 먹으며

4　다 같은 신령한 음료를 마셨으니 이는 그들을 따르는 신령한 반석으로부터 마셨으매 그 반석은 곧 그리스도시라

<사 48:21>

여호와께서 그들을 사막으로 통과하게 하시던 때에 그들이 목마르지 아니하게 하시되
그들을 위하여 바위에서 물이 흘러나게 하시며 바위를 쪼개사 물이 솟아나게 하셨느니라

<민 2:32-33>

**이상은 이스라엘 자손이 그들의 조상의 가문을 따라
계수된 자니 모든 진영의 군인 곧 계수된 자의 총계는
육십만 삼천오백오십 명**이며 레위인은 이스라엘 자손과
함께 계수되지 아니하였으니 여호와께서 모세에게
명령하심과 같았느니라

<시 78:15,16,20>

15 광야에서 반석을 쪼개시고 매우 깊은 곳에서 나오는
    물처럼 흡족하게 마시게 하셨으며

16 또 바위에서 시내를 내사 물이 강 같이 흐르게
    하셨으나

20 보라 그가 반석을 쳐서 물을 내시니 시내가 넘쳤으나
    그가 능히 떡도 주시며 자기 백성을 위하여 고기도
    예비하시랴 하였도다

군인만 60만 3,550명(레위인 제외) 추정. 약 200만 명(60만 명*
4인 가족 구성)의 인구와 가축까지! 전능하시고 인애하신
하나님은 그들 모두가 흡족하게 마시게 하셨다.

요단강 건너편 파노라마 #1 광야

 Q&A

광야는 '광야(廣野)' 일까 '광야(曠野)'일까?

광야(廣野)란 '넓은 들'이란 뜻이다. 반면 광야(曠野)는 '(텅) 빈 들'이란 뜻이다. 성경에서 말하는 광야는 후자다. 영어로 광야(曠野)는 Desert (사막, 버려진 곳) 또는 Wilderness (황무지)다. 광야(曠野), Desert, Wilderness는 '황량하고 버려진, 아무짝에도 쓸모없는 땅'을 뜻한다.

광야曠野
이육사李陸史

다시 천고千古의 뒤에
백마白馬 타고 오는 초인超人이 있어
이 광야曠野에서 목놓아 부르게 하리라

네 번째 파노라마
말씀의 광야

God says in the desert

말씀(다바르)	רָבָד
지성소(드비르)	רִיבְד
광야(미드바르)	רָבְדמ
민수기(베미드바르)	רָבְדמַב

히브리어로 광야는 '미드바르(רָבְדמ)'입니다. 미드바르(광야)는 '~로 부터(from)'의 전치사(מ)와 말씀이란 명사 다바르(רָבָד)의 합성어입니다. 즉 광야는 빈 땅이 아니라 하나님의 말씀으로 가득 찬 곳입니다. 지성소를 '드비르'라고 하는데, 말씀이 충만한 곳이 지성소라는 의미입니다. 예수님을 비롯한 성경 속 신앙 선배들이 광야를 찾은 이유가 바로 하나님 말씀을 듣기 위함이 아니었을까요? 참고로, 히브리어 성경 민수기의 원제목은 '광야에서 - 베미드바르'입니다.

시내산(Mount Sinai)

시내산(Har Sinai)은 하나님께서 모세에게 십계명을 주신 장소다. 출애굽기에서 가장 상징적인 산이다. 신명기에서는 호렙산이라고 하기도 하였다. 일반적으로 성경 학자들에 의해 같은 장소로 인식된다.

지명
히브리어로는 '가시나무 무성한 곳'이란 뜻인데, 이는 가시나무가 많이 서식했기 때문에 붙여진 이름인 듯하다. 본래 이 명칭은 바벨론의 달신인 '신'(Sin)의 이름에서 유래된 것으로 추정된다.

위치
시내 반도 남단에 있으며 큰 산맥 군(群)을 형성하고 있다. 그중 모세가 십계명을 수여받은 산이 '호렙산'(출 3:1)이다. 오늘날 '모세의 산'이란 뜻을 가진 해발 2,291m의 '제벨 무사(Jebel Musa)'로 추정된다.

관련 사건
①모세는 미디안에서 광야 생활하던 도중 이 산에서 하나님의 음성을 듣고 지도자로서의 소명을 받았다(출 3장). ② 출애굽한 이스라엘 백성이 3개월 만에 시내산 기슭에 도달하여 진을 쳤다(출 19:1). ③ 모세는 이 산의 정상에서 하나님으로부터 십계명과 율법을 받았다(출 19:25-24:8). ④ 훗날 엘리야 선지자는 아합과 이세벨의 추격을 피해 이 산까지 도주하였다. 여기서 하나님을 만나 용기를 얻고 선지자로서의 사명을 감당하였다(왕상 19:8). ⑤ 스데반의 최후 설교에서(행 7:30, 38), 바울의 비유에서 율법의 대명사로 언급되었다(갈 4:24-25).

증거의 돌판 두 개
The tablets of stone

<출 31:18>
여호와께서 시내산 위에서 모세에게 이르시기를 마치신 때에 증거판 둘을 모세에게 주시니 이는 돌판이요 하나님이 친히 쓰신 것이더라

아세레트 하데바림
עשרת הדברים

<출 24:12>
여호와께서 모세에게 이르시되 너는 산에 올라 내게로 와서 거기 있으라 네가 그들을 가르치도록 내가 율법과 계명을 친히 기록한 돌판을 네게 주리라

<신 9:11>
사십 주 사십 야를 지난 후에 여호와께서 내게 돌판 곧
언약의 두 돌판을 주시고

십계명
친히 돌판에 새겨주신 **한결같은 사랑**의 말씀

<출 20:1-17>
1 하나님이 이 모든 말씀으로 말씀하여 이르시되
2 나는 너를 애굽 땅, 종 되었던 집에서 인도하여 낸 네
   하나님 여호와니라
3 너는 나 외에는 다른 신들을 네게 두지 말라
4 너를 위하여 새긴 우상을 만들지 말고 또 위로
   하늘에 있는 것이나 아래로 땅에 있는 것이나
   땅 아래 물 속에 있는 것의 어떤 형상도 만들지 말며
5 그것들에게 절하지 말며 그것들을 섬기지 말라
   나 네 하나님 여호와는 질투하는 하나님인즉 나를
   미워하는 자의 죄를 갚되 아버지로부터 아들에게로
   삼사 대까지 이르게 하거니와
6 나를 사랑하고 내 계명을 지키는 자에게는 천
   대까지 은혜를 베푸느니라
7 너는 네 하나님 여호와의 이름을 망령되게 부르지
   말라 여호와는 그의 이름을 망령되게 부르는 자를
   죄 없다 하지 아니하리라
8 안식일을 기억하여 거룩하게 지키라
9 엿새 동안은 힘써 네 모든 일을 행할 것이나
10 일곱째 날은 네 하나님 여호와의 안식일인즉 너나
   네 아들이나 네 딸이나 네 남종이나 네 여종이나 네
   가축이나 네 문안에 머무는 객이라도 아무 일도
   하지 말라
11 이는 엿새 동안에 나 여호와가 하늘과 땅과 바다와
   그 가운데 모든 것을 만들고 일곱째 날에
   쉬었음이라 그러므로 나 여호와가 안식일을 복되게
   하여 그 날을 거룩하게 하였느니라
12 네 부모를 공경하라 그리하면 네 하나님 여호와가
   네게 준 땅에서 네 생명이 길리라
13 살인하지 말라
14 간음하지 말라
15 도둑질하지 말라
16 네 이웃에 대하여 거짓 증거하지 말라
17 네 이웃의 집을 탐내지 말라 네 이웃의 아내나 그의
   남종이나 그의 여종이나 그의 소나 그의 나귀나
   무릇 네 이웃의 소유를 탐내지 말라

증거의 두 돌판을 보여주며 율법을 가르치는 모세 / Maerten de Vos

<출 24:12>
여호와께서 모세에게 이르시되 너는 산에 올라 내게로 와서 거기 있으라
네가 그들을 가르치도록 내가 율법과 계명을 친히 기록한 돌판을 네게 주리라

<Exo. 24:12>
The LORD said to Moses, "Come up to me on the mountain
and stay here, and I will give you the tablets of stone, with the law
and commands I have written for their instruction."

〈사 41:10〉
두려워하지 말라 내가 너와 함께함이라 놀라지 말라 나는 네 하나님이 됨이라
내가 너를 굳세게 하리라 참으로 너를 도와 주리라 참으로 나의 의로운 오른손으로 너를 붙들리라

요르단 와디 럼(Wadi rum) 광야

광야에서 부르는 시편 23편

1 **여호와는 나의 목자시니 내게 부족함이 없으리로다**
2 그가 나를 푸른 풀밭에 누이시며 쉴 만한 물가로 인도하시는도다
3 내 영혼을 소생시키시고 자기 이름을 위하여 의의 길로 인도하시는도다
4 내가 사망의 음침한 골짜기로 다닐지라도 해를 두려워하지 않을 것은 주께서 나와 함께 하심이라 주의 지팡이와
   막대기가 나를 안위하시나이다
5 주께서 내 원수의 목전에서 내게 상을 차려 주시고 기름을 내 머리에 부으셨으니 내 잔이 넘치나이다
6 내 평생에 선하심과 인자하심이 반드시 나를 따르리니 내가 여호와의 집에 영원히 살리로다

기억하라, 광야 40년을

<신 8:2-3>

2 네 하나님 여호와께서 이 사십 년 동안에 네게 광야 길을 걷게 하신 것을 기억하라 이는 너를 낮추시며 너를 시험하사 네 마음이 어떠한지 그 명령을 지키는지 지키지 않는지 알려 하심이라

3 너를 낮추시며 너를 주리게 하시며 또 너도 알지 못하며 네 조상들도 알지 못하던 만나를 네게 먹이신 것은 사람이 떡으로만 사는 것이 아니요 여호와의 입에서 나오는 모든 말씀으로 사는 줄을 네가 알게 하려 하심이니라

<신 8:16>

이는 다 너를 낮추시며 너를 시험하사 마침내 네게 복을 주려 하심이었느니라

美生의
쉬어 가는 페이지
이강만 작가

와디 럼 광야, 그 험난한 여정

'달의 계곡(The Valley of the Moon)'이라는 뜻을 가진 와디 럼(Wadi Rum)은 아라비아 사막 서쪽 편이며 요르단 남쪽 먼 광야로, 페트라에서 자동차로 약 1시간 정도 떨어진 곳에 위치한 관광지다. 와디럼 보호구역은 세계자연유산으로 등재되어 있다. 광범위하게 분포된 좁은 협곡과 우뚝 솟은 절벽, 자연 발생한 아치형 지형, 거대한 바위, 동굴, 암벽화, 바람이 만든 모래 언덕 등 현대인에게 많은 볼거리를 선사한다.

'사막의 거주민'이라는 뜻을 가진 베두인족이 유목생활을 하면서 삶의 터전을 이어오고 있는 곳이며 기괴한 풍광 때문에 '마션'과 '스타워즈'와 같은 SF영화의 촬영지가 된 곳이기도 하다.
이곳은 4천 년 전에는 모세를 따라 애굽을 떠난 이스라엘 민족이 험난한 광야 생활을 했던 땅이다. 현대인들이 경탄해 마지 않는 이 광야가 과연 그 당시 그들에게 석양에 빛나는 붉은 모래와 같은 환상적인 관광 코스로만 보였을까?

붉은 모래와 바위의 광야, 와디 럼

모세와 이스라엘 민족이 경험했을 마르고 거친 광야

요단강 건너편 파노라마 #1 광야

모세와 이스라엘 민족이 경험했을 마르고 거친 광야

〈사 40:8〉
풀은 마르고 꽃은 시드나 우리 하나님의 말씀은 영원히 서리라

〈마 28:20〉
볼지어다 내가 세상 끝날까지 너희와 항상 함께 있으리라 하시니라

QR 코드를 (스마트폰 카메라 기능) 스캔하시면
광야를 지나며 찬양으로 (Youtube) 바로 연결됩니다.

광야를 지나며

히즈윌

왜 나를 깊은 어둠 속에 홀로 두시는지
어두움 밤은 왜 그리 길었는지
나를 고독하게 나를 낮아지게
세상 어디도 기댈 곳이 없게 하셨네
광야 광야에 서있네

주님만 내 도움이 되시고 주님만 내 빛이 되시는
주님만 내 친구 되시는 광야
주님 손 놓고는 단 하루도 살 수 없는곳
광야 광야에 서있네
왜 나를 깊은 어둠 속에 홀로 두시는지
어두움 밤은 왜 그리 길었는지
나를 고독하게 나를 낮아지게
세상 어디도 기댈 곳이 없게 하셨네
광야 광야에 서있네

주님만 내 도움이 되시고 주님만 내 빛이 되시는
주님만 내 친구 되시는 광야
주님 손 놓고는 단 하루도 살 수 없는곳
광야 광야

주께서 나를 사용하시려 나를 더 정결케 하시려
나를 택하여 보내신 그 곳 광야
성령이 내 영을 다시 태어나게 하는 곳
광야 광야에 서있네

내 자아가 산산히 깨지고 높아지려 했던
내 꿈도 내려놓고
오직 주님 뜻만 이루어지기를
나를 통해 주님만 드러나시기를
광야를 지나며

<시편 121>
1   내가 산을 향하여 눈을 들리라 나의 도움이 어디서
    올까
2   나의 도움은 천지를 지으신 여호와에게서로다
3   여호와께서 너를 실족하지 아니하게 하시며 너를
    지키시는 이가 졸지 아니하시리로다
4   이스라엘을 지키시는 이는 졸지도 아니하시고
    주무시지도 아니하시리로다
5   여호와는 너를 지키시는 이시라 여호와께서 네
    오른쪽에서 네 그늘이 되시나니
6   낮의 해가 너를 상하게 하지 아니하며 밤의 달도
    너를 해치지 아니하리로다
7   여호와께서 너를 지켜 모든 환난을 면하게 하시며
    또 네 영혼을 지키시리로다
8   여호와께서 너의 출입을 지금부터 영원까지
    지키시리로다

예수님의 생애와 고난(Stories of Life and Passion of Christ) / Gaudenzio Ferrari

예수님의 생애는 *광야에서 광야로의 삶
*'시험, 고난의 광야'에서 '승리와 영광의 광야'로!

〈시 144:1〉
나의 '반석'이신 여호와를 찬송하리로다 Praise be to the LORD my Rock

다섯 번째 파노라마
예수님의 광야

<고전 10:4>
그 반석은 곧 그리스도시라

<벧전 2:4-5>
하나님께는 택하심을 입은 보배로운 산 돌이신 예수께 나아가 너희도 산 돌 같이 신령한 집으로 세워지고

<시 62:6-7>
6 오직 그만이 나의 반석이시요 나의 구원이시요 나의 요새이시니 내가 흔들리지 아니하리로다
7 나의 구원과 영광이 하나님께 있음이여 내 힘의 반석과 피난처도 하나님께 있도다

He alone is my rock and my salvation; he is my fortress, I will not be shaken. My salvation and my honor depend on God ; he is my mighty rock, my refuge.

유다 광야(Wilderness of Judah)

시험(Temptation, Test & Trial)의 광야

<Luk. 4:1-2(NIV)>
Jesus, full of the Holy Spirit, left the Jordan and was led by the Spirit into the wilderness, where for forty days he was tempted by the devil. He ate nothing during thoes days, and at the end of them he was hungry.

<행 1:8>
오직 성령이 너희에게 임하시면 너희가 권능을 받고
You will receive power when the Holy Spirit comes on you,

<눅 4:1-5>

1 예수께서 성령의 충만함을 입어 요단강에서 돌아오사 광야에서 사십 일 동안 성령에게 이끌리시며

2 마귀에게 시험을 받으시더라 이 모든 날에 아무 것도 잡수시지 아니하시니 날 수가 다하매 주리신지라

3 마귀가 이르되 네가 만일 하나님의 아들이어든 이 돌들에게 명하여 떡이 되게 하라

4 예수께서 대답하시되 기록된 바 사람이 떡으로만 살 것이 아니라 하였느니라

5 마귀가 또 예수를 이끌고 올라가서 순식간에 천하 만국을 보이며

광야의 예수님(Christ in the Wilderness) / Ivan Kramskoi

성령 능력(The Power of the Spirit)의 광야

\<Luk. 4:13-14\>

When the devil had finished all this tempting, Jesus returned in the power of the Spirit

\<눅 4:6-15\>

6 이르되 이 모든 권위와 그 영광을 내가 네게 주리라 이것은 내게 넘겨 준 것이므로 내가 원하는 자에게 주노라

7 그러므로 네가 만일 내게 절하면 다 네 것이 되리라

8 예수께서 대답하여 이르시되 기록된 바 주 너의 하나님께 경배하고 다만 그를 섬기라 하였느니라

9 또 이끌고 예루살렘으로 가서 성전 꼭대기에 세우고 이르되 네가 만일 하나님의 아들이어든 여기서 뛰어내리라

10 기록되었으되 하나님이 너를 위하여 그 사자들을 명하사 너를 지키게 하시리라 하였고

11 또한 그들이 손으로 너를 받들어 네 발이 돌에 부딪치지 않게 하시리라 하였느니라

12 예수께서 대답하여 이르시되 주 너의 하나님을 시험하지 말라 하였느니라

13 마귀가 모든 시험을 다 한 후에 얼마 동안 떠나니라

14 예수께서 성령의 능력으로 갈릴리에 돌아가시니 그 소문이 사방에 퍼졌고

15 친히 그 여러 회당에서 가르치시매 뭇 사람에게 칭송을 받으시더라

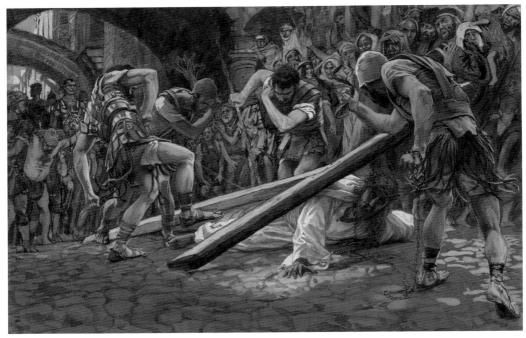

십자가 아래로 넘어진 예수님(Jesus falls beneath the Cross) / James Tissot

길 잃은 우리를 위한 고난(The Passion for Us)의 광야

<사 53:1-10>

1 우리가 전한 것을 누가 믿었느냐 여호와의 팔이 누구에게 나타났느냐

2 그는 주 앞에서 자라나기를 연한 순 같고 마른 땅에서 나온 뿌리 같아서 고운 모양도 없고 풍채도 없은즉 우리가 보기에 흠모할 만한 아름다운 것이 없도다

3 그는 멸시를 받아 사람들에게 버림 받았으며 간고를 많이 겪었으며 질고를 아는 자라 마치 사람들이 그에게서 얼굴을 가리는 것 같이 멸시를 당하였고 우리도 그를 귀히 여기지 아니하였도다

4 그는 실로 우리의 질고를 지고 우리의 슬픔을 당하였거늘 우리는 생각하기를 그는 징벌을 받아 하나님께 맞으며 고난을 당한다 하였노라

5 그가 찔림은 우리의 허물 때문이요 그가 상함은 우리의 죄악 때문이라 그가 징계를 받으므로 우리는 평화를 누리고 그가 채찍에 맞으므로 우리는 나음을 받았도다

6 우리는 다 양 같아서 그릇 행하여 각기 제 길로 갔거늘 여호와께서는 우리 모두의 죄악을 그에게 담당시키셨도다

7 그가 곤욕을 당하여 괴로울 때에도 그의 입을 열지 아니하였음이여 마치 도수장으로 끌려 가는 어린 양과 털 깎는 자 앞에서 잠잠한 양 같이 그의 입을 열지 아니하였도다

8 그는 곤욕과 심문을 당하고 끌려 갔으나 그 세대 중에 누가 생각하기를 그가 살아 있는 자들의 땅에서 끊어짐은 마땅히 형벌 받을 내 백성의 허물 때문이라 하였으리요

9 그는 강포를 행하지 아니하였고 그의 입에 거짓이 없었으나 그의 무덤이 악인들과 함께 있었으며 그가 죽은 후에 부자와 함께 있었도다

10 여호와께서 그에게 상함을 받게 하시기를 원하사 질고를 당하게 하셨은즉 그의 영혼을 속건제물로 드리기에 이르면 그가 씨를 보게 되며 그의 날은 길 것이요 또 그의 손으로 여호와께서 기뻐하시는 뜻을 성취하리로다

예수님의 죽음(The death of Jesus) / James Tissot

<히 2:18>
그가 시험을 받아 고난을 당하셨은즉 시험받는 자들을 능히 도우실 수 있느니라

Because he himself suffered when he was tempted, he is able to help those who are being tempted.

<사 53:11-12>

11 그가 자기 영혼의 수고한 것을 보고 만족하게 여길
   것이라 나의 의로운 종이 자기
   지식으로 많은 사람을 의롭게 하며 또 그들의
   죄악을 친히 담당하리로다

12 그러므로 내가 그에게 존귀한 자와 함께 몫을 받게
   하며 강한 자와 함께 탈취한 것을 나누게 하리니
   이는 그가 자기 영혼을 버려 사망에 이르게
   하며 범죄자 중 하나로 헤아림을 받았음이니라
   그는 많은 사람의 죄를 대신 짊어졌고, 죄
   지은 사람들을 살리려고 중재에 나선 것이다.

십자가에
달리신 예수님

십자가 The Cross

시험과 고난의 광야에서 새 언약, 그 '영원한 영광의 광야'로

"At that time," declares the LORD

<렘 31:31-33>

31 여호와의 말씀이니라 보라 날이 이르리니 내가
   이스라엘 집과 유다 집에 새 언약을 맺으리라

32 이 언약은 내가 그들의 조상들의 손을 잡고 애굽
   땅에서 인도하여 내던 날에 맺은 것과 같지 아니할
   것은 내가 그들의 남편이 되었어도 그들이 내 언약을
   깨뜨렸음이라 여호와의 말씀이니라

33 그러나 그 날 후에 내가 이스라엘 집과 맺을 언약은
   이러하니 곧 내가 나의 법을 그들의 속에 두며 그들의
   마음에 기록하여 나는 그들의 하나님이 되고 그들은
   내 백성이 될 것이라 여호와의 말씀이니라

<눅 22:20>

이 잔은 내 피로 세우는 새 언약이니 곧 너희를 위하여
붓는 것이라

<고전 11:23-26>

23 내가 너희에게 전한 것은 주께 받은 것이니 곧 주
   예수께서 잡히시던 밤에 떡을 가지사

24 축사하시고 떼어 이르시되 이것은 너희를 위하는 내
   몸이니 이것을 행하여 나를 기념하라 하시고

25 식후에 또한 그와 같이 잔을 가지시고 이르시되 이
   잔은 내 피로 세운 새 언약이니 이것을 행하여
   마실 때마다 나를 기념하라 하셨으니

26 너희가 이 떡을 먹으며 이 잔을 마실 때마다 주의
   죽으심을 그가 오실 때까지 전하는 것이니라

את אנא 마라나타 주 예수여 어서 오시옵소서! 아멘.

생과 기억의 파편, 한희원 2023

잃어버리고 잊어버리는 것이 인생이라
나는 누구를 찾으러 어디로 가고 있나

1 요단강 건너편 파노라마

Panorama of
Beyond Jordan

Panorama of Exodus

#2

출애굽

*출애굽(出埃及) : 이스라엘의 이집트 탈출기

요단강 건너편 파노라마 #2 출애굽

애굽을 떠나는 이스라엘 민족(Israelites Leaving Egypt) / David Roberts

시편 78편

1 내 백성이여, 내 율법을 들으며 내 입의 말에 귀를 기울일지어다 2 내가 입을 열어 비유로 말하며 예로부터 감추어졌던 것을 드러내려 하니 3 이는 우리가 들어서 아는 바요 우리의 조상들이 우리에게 전한 바라 4 우리가 이를 그들의 자손에게 숨기지 아니하고 여호와의 영예와 그의 능력과 그가 행하신 기이한 사적을 후대에 전하리로다 5 여호와께서 증거를 야곱에게 세우시며 법도를 이스라엘에게 정하시고 우리 조상들에게 명령하사 그들의 자손에게 알리라 하셨으니 6 이는 그들로 후대 곧 태어날 자손에게 이를 알게 하고 그들은 일어나 그들의 자손에게 일러서 7 그들로 그들의 소망을 하나님께 두며 하나님께서 행하신 일을 잊지 아니하고 오직 그의 계명을 지켜서 8 그들의 조상들 곧 완고하고 패역하여 그들의 마음이 정직하지 못하며 그 심령이 하나님께 충성하지 아니하는 세대와 같이 되지 아니하게 하려 하심이로다 9 에브라임 자손은 무기를 갖추며 활을 가졌으나 전쟁의 날에 물러갔도다 10 그들이 하나님의 언약을 지키지 아니하고 그의 율법 준행을 거절하며 11 여호와께서 행하신 것과 그들에게 보이신 그의 기이한 일을 잊었도다 12 옛적에 하나님이 애굽 땅 소안 들에서 기이한 일을 그들의 조상들의 목전에서 행하셨으되 13 그가 바다를 갈라 물을 무더기 같이 서게 하시고 그들을 지나가게 하셨으며 14 낮에는 구름으로, 밤에는 불빛으로 인도하셨으며 15 광야에서 반석을 쪼개시고 매우 깊은 곳에서 나오는 물처럼 흡족하게 마시게 하셨으며 16 또 바위에서 시내를 내사 물이 강 같이 흐르게 하셨으나 17 그들은 계속해서 하나님께 범죄하여 메마른 땅에서 지존자를 배반하였도다 18 그들이 그들의 탐욕대로 음식을 구하여 그들의 심중에 하나님을 시험하였으며 19 그뿐 아니라 하나님을 대적하여 말하기를 하나님이 광야에서 식탁을 베푸실 수 있으랴 20 보라 그가 반석을 쳐서 물을 내시니 시내가 넘쳤으나 그가 능히 떡도 주시며 자기 백성을 위하여 고기도 예비하시랴 하였도다 21 그러므로 여호와께서 듣고 노하셨으며 야곱에게 불 같이 노하셨고 또한 이스라엘에게 진노가 불타 올랐으니 22 이는 하나님을 믿지 아니하며 그의 구원을 의지하지 아니한 때문이로다 23 그러나 그가 위의 궁창을 명령하시며 하늘 문을 여시고 24 그들에게 만나를 비 같이 내려 먹이시며 하늘 양식을 그들에게 주셨나니 25 사람이 힘센 자의 떡을 먹었으며 그가 음식을 그들에게 충족히 주셨도다 26 그가 동풍을 하늘에서 일게 하시며 그의 권능으로 남풍을 인도하시고 27 먼지처럼 많은 고기를 비 같이 내리시고 나는 새를 바다의 모래 같이 내리셨도다 28 그가 그것들을 그들의 진중에 떨어지게 하사 그들의 거처에 두르셨으므로 29 그들이 먹고 심히 배불렀나니 하나님이 그들의 원대로 그들에게 주셨도다 30 그러나 그들이 그들의 욕심을 버리지 아니하여 그들의 먹을 것이 아직 그들의 입에 있을 때에

Exodus
digest

<시 78:6-8>

6 이는 그들로 후대 곧 태어날 자손에게 이를 알게 하고 그들은 일어나 그들의 자손에게 일러서 7 그들로 그들의 소망을 하나님께 두며 하나님께서 행하신 일을 잊지 아니하고 오직 그의 계명을 지켜서 8 그들의 조상들 곧 완고하고 패역하여 그들의 마음이 정직하지 못하며 그 심령이 하나님께 충성하지 아니하는 세대와 같이 되지 아니하게 하려 하심이로다

기억하라! 지키라! 전하라!

31 하나님이 그들에게 노염을 나타내사 그들 중 강한 자를 죽이시며 이스라엘의 청년을 쳐 엎드러뜨리셨도다 32 이러함에도 그들은 여전히 범죄하여 그의 기이한 일들을 믿지 아니하였으므로 33 하나님이 그들의 날들을 헛되이 보내게 하시며 그들의 햇수를 두려움으로 보내게 하셨도다 34 하나님이 그들을 죽이실 때에 그들이 그에게 구하며 돌이켜 하나님을 간절히 찾았고 35 하나님이 그들의 반석이시며 지존하신 하나님이 그들의 구속자이심을 기억하였도다 36 그러나 그들이 입으로 그에게 아첨하며 자기 혀로 그에게 거짓을 말하였으니 37 이는 하나님께 향하는 그들의 마음이 정함이 없으며 그의 언약에 성실하지 아니하였음이로다 38 오직 하나님은 긍휼하시므로 죄악을 덮어 주시어 멸망시키지 아니하시고 그의 진노를 여러 번 돌이키시며 그의 모든 분을 다 쏟아 내지 아니하셨으니 39 그들은 육체이며 가고 다시 돌아오지 못하는 바람임을 기억하셨음이라 40 그들이 광야에서 그에게 반항하며 사막에서 그를 슬프시게 함이 몇 번인가 41 그들이 돌이켜 하나님을 거듭거듭 시험하며 이스라엘의 거룩하신 이를 노엽게 하였도다 42 그들이 그의 권능의 손을 기억하지 아니하며 대적에게서 그들을 구원하신 날도 기억하지 아니하였도다 43 그 때에 하나님이 애굽에서 그의 표적들을, 소안 들에서 그의 징조들을 나타내사 44 그들의 강과 시내를 피로 변하여 그들로 마실 수 없게 하시며 45 쇠파리 떼를 그들에게 보내어 그들을 물게 하시고 개구리를 보내어 해하게 하셨으며

46 그들의 토산물을 황충에게 주셨고 그들이 수고한 것을 메뚜기에게 주셨으며 47 그들의 포도나무를 우박으로, 그들의 뽕나무를 서리로 죽이셨으며 48 그들의 가축을 우박에, 그들의 양 떼를 번갯불에 넘기셨으며 49 그의 맹렬한 노여움과 진노와 분노와 고난 곧 재앙의 천사들을 그들에게 내려보내셨으며 50 그는 진노로 길을 닦으사 그들의 목숨이 죽음을 면하지 못하게 하시고 그들의 생명을 전염병에 붙이셨으며 51 애굽에서 모든 장자 곧 함의 장막에 있는 그들의 기력의 처음 것을 치셨으나 52 그가 자기 백성은 양 같이 인도하여 내시고 광야에서 양 떼 같이 지도하셨도다 53 그들을 안전히 인도하시니 그들은 두려움이 없었으나 그들의 원수는 바다에 빠졌도다 54 그들을 그의 성소의 영역 곧 그의 오른손으로 만드신 산으로 인도하시고 55 또 나라를 그들의 앞에서 쫓아내시며 줄을 쳐서 그들의 소유를 분배하시고 이스라엘의 지파들이 그들의 장막에 살게 하셨도다

> **화답 구절** <시 119:34-35, 127> 34 나로 하여금 깨닫게 하여 주소서 내가 주의 법을 준행하며 전심으로 지키리이다 35 나로 하여금 주의 계명들의 길로 행하게 하소서 내가 이를 즐거워함이니이다 127 그러므로 내가 주의 계명들을 금 곧 순금보다 더 사랑하나이다

> **메시지** 노예(이집트)에서 자유 주심을, 너를 친히 인도하신 광야에서 행하신 표적과 기적과 이적, 교훈을 기억하라. 네게 주신 모든 말씀을 지키라. 대대손손 전하라. 희망은 오직 하나님께 있음을!

<신 8:16> 이는 다 너를 낮추시며 너를 시험하사 마침내 네게 복을 주려 하심이었느니라

알고 보면 더욱 깊어지는
기독교 사상이 담긴 지도들

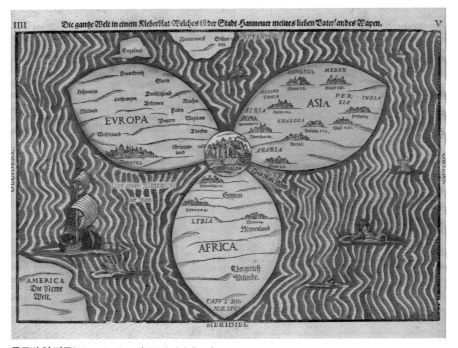

클로버 잎 지도(Clover leaf map) / Heinrich Bünting

'세상의 중심'은 '이스라엘' / 중세 관념(觀念) 지도
이스라엘을 중심으로 아시아, 유럽, 아프리카 3개 대륙이 연하고 있다.
이것이 이스라엘(옛 가나안)을 (대륙 간) '사이 땅(the land between)'이라고 부르는 이유다.

티오 맵(T-O Map)

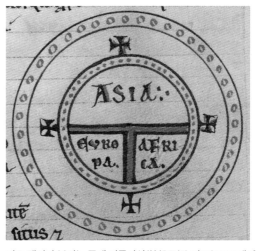

티오 맵이라 불리는 중세 기독사상(基督思想) 지도(AD 12세기)
* 아시아 – 동쪽이 해가 뜨는 곳으로 위쪽이다.

신앙 선배들의 위대한 유산

마다바 모자이크 성지 지도

Madaba Mosaic Map

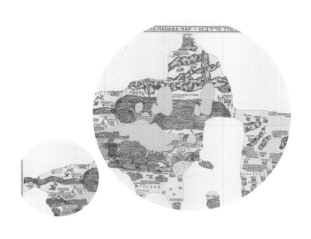

요르단 기독교인 최대 거주 도시 - 마다바

마다바(MADABA)는 요르단의 수도 암만에서 남서쪽으로 약 30km 거리에 위치한다. 요르단에서 다섯 번째로 인구가 많은 도시(약 6만 명)로, 구약 성경(곧 아르논 골짜기 가에 있는 아로엘에서부터 골짜기 가운데에 있는 성읍과 디본까지 이르는 메드바 온 평지와 / 수13:9)에서는 메드바(Medeba)로 불린 곳이다. 요르단 기독교 인구는 약 25만 명으로 추정하는데, 그중 대다수의 기독교인이 이 도시에 거주하면서 신앙생활을 하고 있다.

아름다운 모자이크 도시 - 마다바

마다바는 비잔틴 제국시대, 이슬람 시대를 거치며 모자이크 공예로 크게 발전한 도시다. 특히 비잔틴 제국 시대(AD 6세기 경) 제작된 모자이크 성지 지도로 유명한 곳인데, 이 지도 덕에 오랫동안 묻혔거나, 잊혔던 많은 성경 속 성지들을 찾을 수 있었다고 한다. 제작 당시에는 성지 순례객들을 위한 이정표였으며, 오늘 우리에게는 구약, 신약 시대를 관통하여 성경 속 많은 이야기를 한번에 담아낼 수 있는 귀중한 자료가 되고 있다. 이 성지 모자이크는 성 조지 그리스 정교회 교회(Greek Orthodox Church) 바닥에 발굴, 복원, 보존되어 있다. 요르단을 다녀가는 성지 순례객이라면 꼭 한번 둘러보기를 권한다.

모자이크 도시 - 마다바

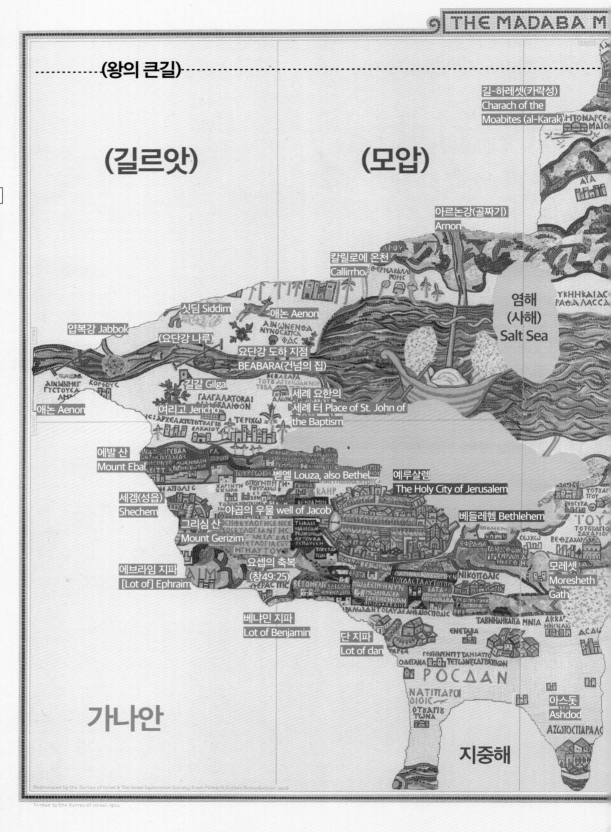

- (왕의 큰길)

길-하레셋(카락성)
Charach of the
Moabites (al-Karak)

(길르앗)

(모압)

아르논강(골짜기)
Arnon

칼릴로에 온천
Callirrhoe

염해
(사해)
Salt Sea

싯딤 Siddim

얍복강 Jabbok

애논 Aenon

(요단강 나루)

요단강 도하 지점
BEABARA(건넘의 집)

길갈 Gilgal

애논 Aenon

여리고 Jericho

세례 요한의
세례 터 Place of St. John of
the Baptism

에발 산
Mount Ebal

벧엘 Louza, also Bethel

예루살렘
The Holy City of Jerusalem

세겜(성읍)
Shechem

야곱의 우물 well of Jacob

베들레헴 Bethlehem

그리심 산
Mount Gerizim

에브라임 지파
[Lot of] Ephraim

요셉의 축복
(창49:25)

모레셋
Moresheth
Gath

베냐민 지파
Lot of Benjamin

단 지파
Lot of dan

가나안

아스돗
Ashdod

지중해

Reproduced by the Survey of Israel & The Israel Exploration Society, from Palmer & Gutha's Reproduction 1906

Printed by the Survey of Israel, 1954

요단강 건너편 꽤노라마 #2 출애굽

마다바 성지 지도

세렛 시내(골짜기)
The brook Zered

(에돔)

롯의 거처(동굴)
Place of St. Lot

염해
(사해)
Salt Sea

소알(성)
Zoara

가자 Gaza

사막
Desert

신(Sin)광야

*만나,메추라기

르비딤(Rephidim)
*아말렉과의 전투

마므레 상수리나무
The Oak of Mamre

호렙(시내)산 Mt.Horeb,
Mt.Sinai

브엘세바
Beersheba

나일강 지류
Pelusiac

유다 지파 Lot of Judah

나일강

(애굽)

시므온 지파
Lot of Simeon

가자 Gaza

아스글론(아스클론)
Ascalon (Ashkelon)

블레셋(팔레스타인) -
이집트 국경 Border of
Egypt and Palestine

(왕의 큰길) ---------- **(에시온 게벨 / 홍해)**

마다바 성지 지도

예루살렘을 중심으로 신구약 성경 속 사건
들을 표현한 모자이크 지도
*방위 : 동쪽 - 위쪽, 곧 앞쪽
(해가 뜨는 방향)

65

美生의

쉬어 가는 페이지

이강만 작가

전략적 요충지 메드바

성지 지도의 발견으로 유명해진 과거 모압 족속의 성읍이다. 현대 도시 마다바 (Madaba/Medaba)의 중앙에 자리 잡고 있다.

메드바는 '고요한 물' 또는 '고요히 흐르는 물'이라는 뜻을 가지고 있다. 이 도시는 3천 년 이상 요단강 동편 주요 대상로로 사용되고 있으며, 북쪽의 다메섹에서 남쪽의 아카 바 만(the Gulf of Aqabah)으로 이어지는 '왕의 대로'(King's Highway)였기에, 여리고를 거쳐 요단강 서쪽으로 가는 가장 중요한 길목이다. 이처럼 이스라엘 역사에서 메드바는 매우 중요한 전략적 요충지여서 이스라엘이 모압 및 암몬 등 이방 족속과 자주 전쟁을

아모리 족속의 왕 시혼의 도성 - 헤스본

치렀던 곳이다. 일례로 다윗과 암몬 족속의 왕도 메드바에서 일전을 벌인 적이 있다. 다윗의 선의를 암몬 족속이 곡해하여 다윗의 신하들을 심히 모욕한 것이 발단이었다. 암몬 족속인 나하스의 부친 하눈 왕이 다윗에게 호의를 베푼 것을 다윗이 늘 마음에 새기고 있었다. 하눈이 죽자 다윗은 그를 문상하러 사절단을 보낸다. 그러자 암몬 족속은 이들 사절단을 염탐꾼으로 몰아서 수염과 옷을 자르는 모욕을 안긴다. 게다가 암몬 족속은 도둑이 제발 저리다고 다윗의 미움을 의식하여 큰 돈을 주고 아람 군대를 용병으로 사서 메드바에 진을 치게 한다. 그러나 결과는 뻔하다. 병거 칠천 대를 거느린 아람 군사와 보병 4만 명이 전사한다. 이 전쟁을 경험한 아람 군대는 장차 암몬을 돕는 일은 없을 것이라 다짐했다고 한다.

메드바는 모압 족속이 오랫동안 통치한 땅이었지만, 앞의 사례처럼 한때 암몬 족속의 근거지이기도 했다. 참고로 출애굽한 이스라엘이 모세의 영도하에서 요단강 동편을 정복하고 통과할 당시에 아모리 족속의 왕 시혼의 땅이었다.

마라의
쓴물과 단물

Bitter Water
Became Sweet

페트라에서 약 1.5km 거리에 위치한
*현지 지명 '아윤 무사'
: Ayun(우물) + Musa(모세의) = 모세의 우물

모세의 우물
Spring of Moses

<출 15:25-26>

25 모세가 여호와께 부르짖었더니 여호와께서 그에게 한 나무를 가리키시니 그가 물에
던지니 물이 달게 되었더라 거기서 여호와께서 그들을 위하여 법도와 율례를 정하시고
그들을 시험하실새

26 이르시되 너희가 너희 하나님 나 여호와의 말을 들어 순종하고 내가 보기에 의를 행
하며 내 계명에 귀를 기울이며 내 모든 규례를 지키면 내가 애굽 사람에게 내린 모든 질병
중 하나도 너희에게 내리지 아니하리니 나는 너희를 치료하는 여호와임이라

마라에서 만난 하나님:
쓴 물(고통의 삶)을 단물(기쁨의 삶)로 바꿔주시다

마라는 이스라엘 백성이 애굽에서 해방을 맞이한 감격을 가지고, 시내산으로 가기 위해, 수르(Sur) 광야에 들어가서 삼 일 길을 가다가 만난 첫 번째 샘물이 있던 곳이다(출15:22). 삼 일 동안 물을 마시지 못하여 심한 갈증을 느끼던 차에 샘물을 보고 달려가 정신없이 그 물을 마셨는데, 그것은 짜다 못해 쓴물이었다(출15:23). 이 물을 마신 백성들은 구토와 복통, 설사와 심한 갈증과 탈수 현상을 비롯하여 몸에 여러 이상 증세가 나타났다. 백성들은 자신들을 이곳으로 인도한 모세를 원망했다(출15:24). 그러나 모세는 하나님께 부르짖어 기도하였다. 하나님께서 모세의 기도를 들으시고, 그 주변에 있는 한 나무를 물에 던지라고 말씀하셨다. 말씀대로 행하였더니, 쓴물이 변하여 단물이 되었다(출15:25).

출애굽한 백성들이 마라로 온 것은 우연도, 모세의 실수도 아니라 마라를 통해 주시려는 은혜가 있었기에 하나님께서 친히 이곳으로 인도하신 것이다. 우리는 편하고 좋으면 하나님의 은혜이고, 힘들고 고달프면 은혜가 아니라고 생각하기 쉬운데, 하나님께서 인도하시는 길은 그 길이 어떠하든지 다 은혜다. 하나님의 부르심과 인도하심에는 결코 실수가 없으며, 은혜 아닌 것이 없다. 마라는 하나님께서 우리에게 주신 고난이 특별한 은혜임을 깨닫게 해 주신 곳이다. 고난을 만나면 원망하지 말고 기도해야 함을 알게 해 주신 곳이다. 또한 십자가만이 내 인생과 운명의 쓴물을 단물로 바꿔 주는 은혜임을 알게 해 주신 곳이다. 마라는 말씀에 순종하면 우리 몸과 마음과 영혼의 질병을 고쳐 주시는 하나님(여호와 라파)이 되어 주실 것을 최초로 약속하신 곳이다(출15:25-26). 광야 인생을 살아가는 우리는 마라를 만날 때마다, 원망 불평이 아니라, 하나님의 은혜를 기억하며, 십자가를 붙잡고 겸손과 감사, 기도와 순종으로 나아가야 한다. 그리하면 우리의 쓰디쓴 인생과 운명이 기쁨과 평안으로 충만한 인생으로 바뀌게 될 것이다.

마라에는 본래 12개의 샘이 있었다고 전해지나, 오늘날 식수로 사용할 수 있는 샘은 2개 뿐이며, 그중 하나가 직경 2m가량으로 모세의 우물로 불리는 아윤 무사(Ayun Musa)다. 히브리어로 아윤(Ayun)은 '우물'이고, 무사(Musa)는 '모세의'라는 뜻이기에, 아윤 무사는 '모세의 우물'이란 뜻이다. 아윤 무사가 마라로 추정되는 이유는 수르 광야에서 사흘 길인 점과 엘림 가까이 있다는 점, 현재 아윤 무사의 물도 짜고 쓴맛이 난다는 점, 그리고 모세가 이곳에 백성들과 함께 머물러 장막을 쳤다는 오래된 전승이 있다는 점이다.

맛사   Massah
            시험
므리바   Meribah
            다툼, 분쟁

반석을 쳐 물을 내고 있는 모세(Moses striking water from the rock) / Gioacchino Assereto

Strike the rock!

<Num.17:6-7>

"I will stand there before you by the rock at Horeb. Strike the rock, and water will come out of it for the people to drink." So Moses did this in the sight of the elders of Israel. And he called the place Massah and Meribah because the Israelites quarreled and because they tested the LORD saying, "Is the LORD among us or not?"

그 반석을 치라!

<출 17:6-7>

6 내가 호렙산에 있는 그 반석 위 거기서 네 앞에 서리니 너는 그 반석을 치라 그것에서 물이 나오리니 백성이 마시리라 모세가 이스라엘 장로들의 목전에서 그대로 행하니라
7 그가 그곳 이름을 맛사 또는 므리바라 불렀으니 이는 이스라엘 자손이 다투었음이요 또는 그들이 여호와를 시험하여 이르기를 여호와께서 우리 중에 계신가 안 계신가 하였음이더라

르비딤에서 만난 하나님 :
고난 중에 기도하는 자에게 르비딤(안식처)을 주시다

이스라엘 백성이 출애굽한 지 두 달 십오 일이 되었을 때부터, 그들은 하나님께서 매일 아침마다 만나를 내려주시는 놀라운 은혜를 누리게 되었다. 그러나 신(Sin) 광야를 떠나 르비딤에 도착했을 때, 마실 물이 없게 되자(출17:1). 백성들은 하나님을 시험하고, 모세와 다투고 원망하며 돌로 치려 하였다. 저들은 얼마 전에 마라에서 쓴물을 단물로 바꿔 주신 하나님의 은혜를 경험했건만, 그 모든 것을 잊어버리고, 또 다시 하나님을 시험하고, 모세를 원망하고 다투었다. 그러나 모세는 사람과 다투지 않고 하나님께 부르짖어 기도하였다(출17:4). 문제의 해결책은 사람과 다투거나, 원망할 때가 아니라 기도할 때 주어진다. 하나님께서 기도하는 모세에게 "그 지팡이로 내가 지시하는 반석을 치라. 그리하면 거기서 물이 나오리니 백성들이 마시리라" 하고 말씀하셨다(출17:5-6). 모세가 명하신 대로 반석을 치니, 반석에서 물이 쏟아져 나와 모두 물을 마셨다. 이곳 이름을 '맛사' 또는 '므리바'라 불렀다(출17:7).

원래 이곳 이름인 '르비딤'은 히브리어로 "휴식처, 안식처"란 뜻이다. 반면 새로운 지명이 된 '맛사'는 "시험하다", '므리바'는 "싸우다"는 뜻이다. 원망하고 불평하는 사람은 르비딤, 즉 안식과 평안을 누리지 못하며, 하나님을 시험하는 죄(맛사)와 사람과 다투고 원망하는 죄(므리바)를 범할 뿐이다. 그러나 하나님께 기도하는 사람은 하나님께서 반석에서 물을 내어 마시게 함으로 고난 중에도, 광야 중에도 평안과 기쁨과 참된 안식을 누리게 된다. 르비딤에서 만난 하나님은 어떤 어려움과 힘든 상황에서도 기도하는 자에게 안식과 평안과 기쁨을 주시는 하나님이시다. 그러므로 어려운 일을 만나더라도 하나님께 불순종하고, 사람과 다투고, 원망할 것이 아니라, 하나님께 부르짖어 기도해야 한다. 그래야 맛사(하나님을 시험하는 죄)와 므리바(사람과 다투고 원망하는 죄)를 이기고 주님이 주시는 참된 평안과 안식과 기쁨을 누릴 수 있다.

하세롯　Hazeroth
둘레, 마을

불평하는 백성을 바로잡으시는 징계의 광야

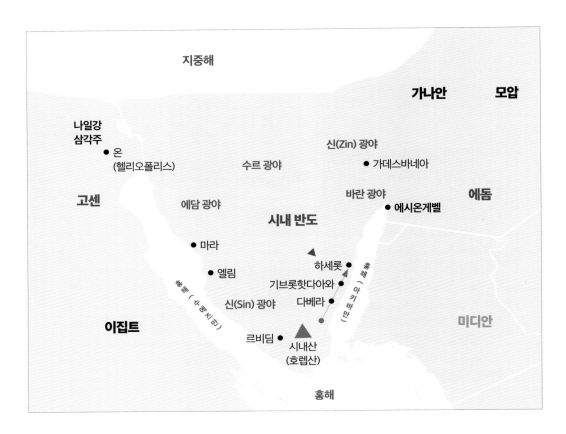

▲
하세롯(Hazeroth)

'둘레', '마을'이란 뜻. 시내 산에서 약 70㎞ 떨어진 아카바 만의 북서쪽에 위치한 성읍. 시내산을 떠난 이스라엘이 기브롯 핫다아와를 지나 두 번째 진을 친 장소(민 11:35; 33:17-18). 이곳에서 미리암과 아론이 모세가 구스 여자를 취한 것에 대해 비난하고, 모세의 중보자적 권위에 대항하다가 미리암이 나병에 걸린 사건이 일어났다(민 12:1-16).

미리암과 아론의 행위는 모세의 지도력에 도전함으로써 똑같은 지배권과 통치권을 얻으려는 권력욕에서 비롯했다. 하나님께서는 가나안 여인과의 결혼을 금하셨지, 구스 여인과 같은 이방인과의 결혼을 금하신 것이 아닌데 두 사람은 모세가 자신들과 권력을 나눠 가져야 한다는 생각에서 불평을 하게 된 것이다. 이러한 불평의 결과는 이스라엘을 분열시키는 것으로 귀결되었고 결국 하나님께 징벌을 받게 되었다. 그런 의미에서 하세롯은 '불평의 무덤'이라 할 수 있다.

가나안 정탐

가데스 바네아

Kadesh

신성한, 거룩한, 성별된

■ 가나안 정탐
■ 백성의 원망
■ 하나님의 진노
■ 광야 40년

<민 13:1-3>

1 여호와께서 모세에게 말씀하여 이르시되 2 사람을 보내어 내가 이스라엘 자손에게 주는 가나안 땅을 정탐하게 하되 그들의 조상의 가문 각 지파 중에서 지휘관 된 자 한 사람씩 보내라 3 모세가 여호와의 명령을 따라 바란 광야에서 그들을 보냈으니 그들은 다 이스라엘 자손의 수령된 사람이라

<민 13:25-33>

25 사십 일 동안 땅을 정탐하기를 마치고 돌아와

26 바란 광야 가데스에 이르러 모세와 아론과 이스라엘 자손의 온 회중에게 나아와 그들에게 보고하고 그 땅의 과일을 보이고 27 모세에게 말하여 이르되 당신이 우리를 보낸 땅에 간즉 과연 그 땅에 젖과 꿀이 흐르는데 이것은 그 땅의 과일이니이다

28 그러나 그 땅 거주민은 강하고 성읍은 견고하고 심히 클 뿐 아니라 거기서 아낙 자손을 보았으며
29 아말렉인은 남방 땅에 거주하고 헷인과 여부스인과 아모리인은 산지에 거주하고 가나안인은 해변과 요단 가에 거주하더이다

30 갈렙이 모세 앞에서 백성을 조용하게 하고 이르되 우리가 곧 올라가서 그 땅을 취하자 능히 이기리라 하나

31 그와 함께 올라갔던 사람들은 이르되 우리는 능히 올라가서 그 백성을 치지 못하리라 그들은 우리보다 강하니라 하고

32 이스라엘 자손 앞에서 그 정탐한 땅을 악평하여 이르되 우리가 두루 다니며 정탐한 땅은 그 거주민을 삼키는 땅이요 거기서 본 모든 백성은 신장이 장대한 자들이며
33 거기서 네피림 후손인 아낙 자손의 거인들을 보았나니 우리는 스스로 보기에도 메뚜기 같으니 그들이 보기에도 그와 같았을 것이니라

가나안의 포도(The Grapes of Canaan) / James Tissot

우리가 능히 이기리라!

<민 13:30>

갈렙이 모세 앞에서 백성을 조용하게 하고 이르되 우리가 곧 올라가서 그 땅을 취하자 능히 이기리라

애굽으로 돌아가자!

<민 14:1,4>

1 온 회중이 소리를 높여 부르짖으며 백성이 밤새도록 통곡하였더라 4 이에 서로 말하되 우리가 한 지휘관을 세우고 애굽으로 돌아가자 하매

어느 때까지 나를 '믿지' 않겠느냐?
How long will they refuse to 'believe' in me?

정탐꾼을 보낸 진짜 이유?

\<신 1:19-32\>
19 우리 하나님 여호와께서 우리에게 명령하신 대로 우리
가 호렙 산을 떠나 너희가 보았던 그 크고 두려운 광야를
지나 아모리 족속의 산지 길로 가데스 바네아에 이른 때에
20 내가 너희에게 이르기를 우리 하나님 여호와께서 우리
에게 주신 아모리 족속의 산지에 너희가 이르렀나니
21 **너희의 하나님 여호와께서 이 땅을 너희 앞에 두셨은즉
너희 조상의 하나님 여호와께서 너희에게 이르신 대로 올
라가서 차지하라 두려워하지 말라 주저하지 말라 한즉**
22 너희가 다 내 앞으로 나아와 말하기를 우리가 사람을
우리보다 먼저 보내어 우리를 위하여 그 땅을 정탐하고 어
느 길로 올라가야 할 것과 어느 성읍으로 들어가야 할 것을
우리에게 알리게 하자 하기에
23 내가 그 말을 좋게 여겨 너희 중 각 지파에서 한 사람씩
열둘을 택하매
24 그들이 돌이켜 산지에 올라 에스골 골짜기에 이르러 그
곳을 정탐하고
25 그 땅의 열매를 손에 가지고 우리에게로 돌아와서 우리
에게 말하여 이르되 우리의 하나님 여호와께서 우리에게
주시는 땅이 좋더라 하였느니라
26 그러나 너희가 올라가기를 원하지 아니하고 너희의 하
나님 여호와의 명령을 거역하여
27 장막 중에서 원망하여 이르기를 여호와께서 우리를 미
워하시므로 아모리 족속의 손에 넘겨 멸하려고 우리를
애굽 땅에서 인도하여 내셨도다
28 우리가 어디로 가랴 우리의 형제들이 우리를 낙심하게
하여 말하기를 그 백성은 우리보다 장대하며 그 성읍들은
크고 성곽은 하늘에 닿았으며 우리가 또 거기서 아낙 자손
을 보았노라 하는도다 하기로
29 내가 너희에게 말하기를 그들을 무서워하지 말라 두려
워하지 말라
30 너희보다 먼저 가시는 너희의 하나님 여호와께서 애굽
에서 너희를 위하여 너희 목전에서 모든 일을 행하신 것 같
이 이제도 너희를 위하여 싸우실 것이며
31 광야에서도 너희가 당하였거니와 사람이 자기의 아들
을 안는 것 같이 너희의 하나님 여호와께서 너희가 걸어온
길에서 너희를 안으사 이 곳까지 이르게 하셨느니라 하나
32 이 일에 너희가 너희의 하나님 여호와를 믿지 아니하였
도다

하나님의 진노

\<민 14:11, 22-23\>
11 **여호와께서 모세에게 이르시되 이 백성이 어느 때까지
나를 멸시하겠느냐 내가 그들 중에 많은 이적을 행하였으
나 어느 때까지 나를 믿지 않겠느냐**
22 내 영광과 애굽과 광야에서 행한 내 이적을 보고서도
이같이 열 번이나 나를 시험(tested)하고 내 목소리를 청종
(disobeyed)하지 아니한 **그 사람들은**
23 **내가 그들의 조상들에게 맹세한 땅을 결단코 보지 못할
것이요** 또 나를 멸시하는 사람은 한 사람도 그것을 보지 못
하리라

불신의 결과 - 광야 40년

\<민 14:28, 32-34\>
28 그들에게 이르기를 여호와의 말씀에 내 삶을 두고 맹세하
노라 너희 말이 내 귀에 들린 대로 내가 너희에게 행하리니
32 너희의 시체는 이 광야에 엎드러질 것이요 너희의 자녀
들은 너희 반역한 죄를 지고 너희의 시체가 광야에서 소멸
되기까지 사십 년을 광야에서 방황하는 자가 되리라
34 **너희는 그 땅을 정탐한 날 수인 사십 일의 하루를 일 년
으로 쳐서 그 사십 년간 너희의 죄악을 담당할지니 너희
는 그제서야** 내가 싫어하면(against; 거역하면_민14:35)
어떻게 되는지를 알리라 you will suffer for your sins
and know what it is like to have me against you.

광야 학교 교훈

오직 신뢰(Trust)!
신뢰는 '믿고(信), 맡기다(賴)'라는 뜻이다. 하나님은 당신
에 대한 '불신(untrust)'과 '불청종(against)'을 문제(가장
큰 죄) 삼으셨다. 하나님은 모든 삶과 문제 앞에서 그분을
온전히 믿고, 맡기기를, 또 그 신뢰에 따라 순종(청종)하길
원하신다. 그것이 참된 '신앙(信仰)'이다. 아멘.

가데스 바네아에서 만난 하나님
: 택한 성도를 훈련하시고 연단하시다

이스라엘 백성들은 출애굽한 지 2년이 되어 바란 광야 가데스 바네아(Kadesh Barnea)에 이르렀다. 그곳은 가나안과 매우 가까운 접경 지역이다. 그런데 저들은 여기서 하나님의 징계를 받아, 보름이면 통과할 광야를 38년간이나 더 머물며 훈련과 연단을 받아야 했다. 가데스 바네아에서 어떤 일이 일어났는가? 모세는 가데스 바네아에서 12명의 정탐꾼을 뽑아 40일간 가나안을 정탐케 하였다(민13:1-16). 정탐한 후에, 10명의 정탐꾼이 보고하기를, "그들은 기골이 장대하고 성읍이 견고한 반면, 우리는 메뚜기 같고 오합지졸이라 가나안 정복은 불가능하다"는 것이다(민13:28-33). 이 말을 들은 백성들은 밤새도록 통곡하며, 모세와 아론을 원망하며 가나안에 들어가지 말고, 발걸음을 돌려 애굽으로 돌아가자고 하였다.

이때 두 정탐꾼, 여호수아와 갈렙은 "가나안 땅을 정탐해 보니, 그 땅은 젖과 꿀이 흐르는 심히 아름다운 땅이라. 하나님께서 그 땅을 주신다고 약속했으니, 두려워하지 말고, 오직 말씀을 붙잡고 나아가자! 하나님께서 우리와 함께하신다. 그들은 우리의 먹이라!"하며 하나님께서 말씀하신 대로 가나안을 정복할 것을 촉구하였다(민14:6-9). 그러나 온 회중은 여호수아와 갈렙의 말을 듣고, 그 둘을 돌로 치려 하였다.

이때 여호와께서 진노 중에 나타나셔서 "여호와를 멸시하고, 믿지 않는 백성들을 전염병으로 쳐서 멸하겠다"고 말씀하셨다(민14:11-12). 모세는 하나님의 진노를 막아서며 중보기도를 드린다(민14:13-19). 하나님께서는 모세의 중보기도를 들으시고 저들의 죄를 사하시고, 멸하시지는 않으셨지만, "그들의 말이 내 귀에 들린 대로 행하리라"(민14:28)고 하셨다. 즉 그들의 원망과 악담, 불신앙과 불순종에 대해서 징벌하시겠다는 말씀이다. 그 징벌은 저들이 불순종한 40일 간의 정탐에서 하루를 1년으로 쳐서 40년을 광야에서 지낼 것이며(민14:33-34), 정탐꾼의 부정적인 말을 듣고 악담과 원망을 쏟아낸 백성들은 광야에서 죽게 될 것이고, 원망과 악평을 하게 만든 불신앙과 불순종의 정탐꾼 10명은 죽임을 당하리라는 것이었다. 그러나 오직 믿음의 보고를 한 여호수아와 갈렙만은 어떤 형벌도 당하지 않고, 40년 이후에 가나안에 들어가는 축복을 누리게 하셨다(민14:29-35).

가데스 바네아에서 만난 하나님은 진노하시는 하나님이시다. 저들은 하나님으로부터 많은 은혜를 받았고, 기적과 능력을 맛보았고, 말씀으로 가르침과 훈련을 받았음에도 불구하고, 어려움을 만날 때마다 받은 은혜를 다 잊어버리고, 계속해서 더 큰 원망과 불평과 거역을 하였다. 하나님께서는 이것을 하나님을 멸시하는 것이라 여기시며, 그들에게 진노하시고, 큰 징계를 내리셨다. 우리가 직접적으로 하나님을 멸시하지 않았다 해도, 어려움을 만날 때 하나님의 은혜를 기억하지 못하고 불신앙과 불순종으로 행동하면 그것이 하나님을 멸시하는 행위다. 그러므로 우리는 범사에 하나님의 은혜를 기억하고, 겸손과 감사로, 믿음과 순종으로 행함으로써 하나님을 경외하고 존중하는 삶을 살아가야 한다.

가데스 바네아에서 만난 하나님은 또한, 택한 성도를 훈련하고 연단하여 정금같이 빚으시는 하나님이시다. 하나님께서 광야에서 행하신 훈련의 핵심이자 목표는 순종하는 믿음이었다. 저들이 순종하였더라면 겪지 않아도 될 고난의 광야를 불순종함으로써 약 40년간 겪어야 했다. 그러므로 하나님 말씀에 순종하는 것만이 가나안으로 들어가는 지름길이며, 가나안에서도 승리하는 비결이다.

또한, 가데스 바네아에서 만난 하나님은 우리가 말한 대로 행하시는 하나님이시다. <민14:28> "여호와께서 그들에게 이르기를 여호와의 말씀에 내 삶을 두고 맹세하노라. 너희 말이 내 귀에 들린 대로 내가 너희에게 행하리니"라고 하셨다. 그러기에 우리가 의식 중에 드리는 기도만이 기도가 아니라, 평소 우리가 하는 말이 기도가 되며, 하나님께서 이를 들으시고, 행하신다고 하셨다. 우리가 하는 말로 복도 받고, 심판도 받는다. 우리가 하는 말은 기도일 뿐만 아니라, 우리의 인생과 운명을 결정짓는 심판자. 그러므로 우리는 악한 말, 불의한 말, 더러운 말, 미움의 말, 이간하는 말은 입 밖에 내지 말고, 오직 선하고 덕 있는 말, 믿음의 말, 사랑의 말, 지혜의 말을 해야 한다.

가데스 바네아에서 만난 하나님은 또한 중보기도를 들으시는 하나님이시다. 여호수아와 갈렙 등 소수를 제외한 온 백성들이 불신앙과 불순종, 악담과 원망을 하자, 하나님께서 노를 발하시어 전염병으로 저들을 진멸하려 하셨다. 그러나 모세가 그 심판을 막아서서 중보 기도를 드렸다. 하나님께서는 모세의 중보기도를 들으시고, 저들을 진멸치 않으셨다. 중보기도가 얼마나 놀라운 역사를 가져오는지 모른다. 예수님은 우리의 중보자시다. 예수님이 우리를 위해 중보하지 않으셨다면, 우리는 우리의 넘쳐나는 죄로 말미암아 수백 번도 넘게 심판을 받았을 것이다. 그러므로 우리도 예수님을 본받아 누군가의 재앙을 막아서는 중보기도자가 되고, 하나님과 끊어진 자를 이어주는 중보자의 역할을 감당해야 한다.

신(Zin) 광야

민수기 20장 1절에 나오는 신 광야로, 이곳에서 므리바 사건이 발생했다. 시점으로는 출애굽 40년째 되는 해, 1월에 도착한 곳이다. 참고로 출애굽기 17장의 므리바(다툼)는 신(Sin) 광야의 르비딤에서 일어난 사건으로 전혀 다른 내용이다.

<신 32:51> 이는 너희가 신 광야 가데스의 므리바 물 가에서 이스라엘 자손 중 내게 범죄하여 내 거룩함을 이스라엘 자손 중에서 나타내지 아니한 까닭이라

므리바   meribah
다툼, 분쟁

반석을 쳐 물을 내는 모세(Moses striking water from the rock) / Jacob Jordaens

바위에게 명령하여라!

Then Moses raised his arm and *struck the rock twice with his staff

모세가 그의 손을 들어 그의 지팡이로 반석을 두 번 *(내리)치니

<민 20:8-11>
8 지팡이를 가지고 네 형 아론과 함께 회중을 모으고 그들의 목전에서 너희는 반석에게 명령하여 물을 내라 하라 네가 그 반석이 물을 내게 하여 회중과 그들의 짐승에게 마시게 할지니라
9 모세가 그 명령대로 여호와 앞에서 지팡이를 잡으니라
10 모세와 아론이 회중을 그 반석 앞에 모으고 모세가 그들에게 이르되 반역한 너희여 들으라 우리가 너희를 위하여 이 반석에서 물을 내랴 하고
11 모세가 그의 손을 들어 그의 지팡이로 반석을 두 번* 치니 물이 많이 솟아나오므로 회중과 그들의 짐승이 마시니라

므리바를 통해 만난 하나님
: 하나님의 영광을 보전하시다

이스라엘 백성이 애굽을 떠난 지 2년이 지났을 때 가데스 바네아에 도착하여 모세는 정탐꾼을 보냈다. 그러나 저들의 불신앙과 불순종의 보고를 듣고, 온 백성이 하나님과 모세를 원망하고 악담하였다. 하나님께서는 백성들이 이런 상태로 가나안에 들어가는 것은 복이 아니라, 독이 될 것임을 아시고, 저들의 발걸음을 가나안이 아니라, 광야로 향하게 하셨고, 38년간 영적 훈련을 시키셨다. 그리고 나서 38년 만에 다시 가데스 바네아에 도착하였다. 백성들은 마실 물이 없자, 또 모세와 아론을 원망하고, 대적하였다(민20:3-5). 어려움을 만나면 낙심 대신 하나님의 은혜를 기억하고, 불평 대신 감사하고, 원망 대신 기도하도록 38년간 훈련을 받았지만, 백성들은 전과 마찬가지로 하나님과 모세를 원망하고 불평, 악담을 하였다.
모세와 아론이 회막문에 엎드려 기도하매, 하나님께서 모세에게 "회중을 모으고, 그들 앞에서 반석에게 명령하여 물을 내라 하라. 그리하면 내가 반석에서 물을 내어 모두에게 마시게 하리라"고 말씀하셨다(민20:8). 이 말씀을 듣고 모세는 어떻게 하였는가? <민20:10-11> "모세가 그들에게 이르되, 반역한 너희여, 들으라. 우리가 너희를 위하여 이 반석에서 물을 내랴 하고, 모세가 그의 손을 들어 그의 지팡이로 반석을 두 번 치니 물이 많이 솟아 나오므로 회중과 그들의 짐승이 마시니라" 모든 일이 순조롭게 되어진 것처럼 보이지만, 하나님께서는 모세의 심각한 죄를 지적하셨다.

<12절> "너희가 나를 믿지 아니하고 이스라엘 자손의 목전에서 내 거룩함을 나타내지 아니한 고로, 너희는 이 회중을 내가 그들에게 준 땅으로 인도하여 들이지 못하리라 하시니라" 하나님께서는 모세가 두 가지 심각한 죄를 범했다고 말씀하신다. 첫째는 "하나님을 믿지 아니하였다"는 것이다. 40년 전에 르비딤에서 백성들이 물이 없어 고통당했을 때, 하나님께서는 모세에게 "그 지팡이로 내가 지시하는 반석을 치라. 그리하면 거기서 물이 나오리니 백성들이 마시리라"라고 하셨다(출17:5-6). 모세는 그 말씀대로 행하여 반석을 쳐서 물을 내어 백성들로 마시게 하였다.
그런데 이번 므리바에서는 "반석에게 명령하여 물을 내라"고 하셨다. 40년 전과는 다른 명령이었다. 그런데 모세는 마음으로 "내가 반석에게 물을 내라고 명령한다고 과연 반석이 물을 낼까?" 하며 의심하였다. 그래서 모세는 40년 전에 반석에서 물을 냈던 방식대로, 반석을 치기로 결심하고는, 반석을 치되, 한 번이 아니라, 두 번을 쳤다. 모세가 반석을 두 번 친 행위에는 모세의 불신앙과 조급함이 담겨 있었다.

또한, 38년 동안 말씀과 능력을 보고도 변화되지 않고, 계속해서 원망과 악담을 일삼는 백성들을 향한 실망과 분노의 감정이 들어 있었다. 하나님께서는 이런 모세를 보시고, "네가 나를 믿지 않았다"고 하셨다. 모세는 하나님 말씀을 준행함에서 의심과 실망과 분노의 마음으로 행하다 보니 온전히 순종하지 못하고 자기 방식대로 행하게 된 것이다. 하나님 말씀이 아닌 자기 방식대로 행함은 순종이 아니다.

둘째는 "이스라엘 자손의 목전에서 내 거룩함을 나타내지 아니하였다"는 것이다. 모세는 백성들이 원망하고 악담을 하자, 자신이 하나님인양 행동했다. "우리가 너희를 위하여 이 반석에서 물을 내랴?" 반석에서 물을 내시는 이는 하나님이시다. 모세는 하나님께서 하시는 일에 수종 드는 종일 뿐이다. 그런데 모세 자신이 반석에서 물을 내는 것처럼 말하고 행동했다. 모세는 오랫동안 하나님의 일을 대행하다 보니 자신의 신분을 망각했다. 그는 하나님의 위치에서, 자신이 물을 내는 것처럼 말하고 행동했다. 이러한 모세를 <시106:33>에서 "모세가 그의 입술로 망령되이 말하였음이로다"라고 평가하였다. 그러므로 우리가 하나님의 일을 할 때 가장 조심해야 할 것은 하나님께 돌려야 할 영광을 가로채지 않아야 한다는 점이다. 하나님의 영광을 가로채는 일은 대부분 오래 믿고, 잘 믿는다는 사람이 범하기 쉬운 죄다. 다윗은 자신이 나라를 잘 다스렸다는 것을 인구 조사를 통해 드러냄으로, 하나님께 돌려야 할 영광을 자신이 차지하려다가 큰 재앙을 당하였다(삼하24장). 히스기야도 무기고와 보물 창고를 사신에게 보여주면서 하나님께 돌려야 할 영광을 자신이 차지하려다 큰 재앙을 당하였다(사39장). 하나님께서는 <사42:8> "나는 여호와이니 이는 내 이름이라. 나는 내 영광을 다른 자에게, 내 찬송을 우상에게 주지 아니하리라" 하나님께서는 우리에게 모든 것은 은혜로 주시지만, 하나님의 영광은 그 누구에게도 주지 않으신다고 하였다. 어떤 피조물도 하나님의 영광을 받을 자격이 없기 때문이다. 우리는 모든 영광을 오직 하나님께만 돌려야 한다. <고전10:31>"그런즉 너희가 먹든지 마시든지 무엇을 하든지 다 하나님의 영광을 위하여 하라."

שָׁמַע

Humbly Obeying God

<삼상 15:22>

순종이 제사보다 낫고 듣는 것이
숫양의 기름보다 나으니

To obey is better than
sacrifice, and to heed
is better than the fat of
rams.

美生의
쉬어 가는 페이지
이강만 작가

모세의 결정적 무리수, 므리바 사건

우리가 성경을 읽으면서 가끔은 의아해지는 대목을 만나게 된다. 그중 하나가 '모세의 가나안 입성 불허'다. 모세가 이스라엘 백성을 이끌고 출애굽 하여 천신만고 끝에 가나안 근처까지 가지만, 한 사건 때문에 가나안 땅을 밟지 못한다.

애굽에서 미디안으로 도망쳐 은거하던 모세를 하나님께서 불러서 애굽 왕 바로에게 보냈고, 모세로 하여금 이스라엘 백성 약 2백만 명을 가나안으로 향해 나아가게 한다. 이 일은 모세가 자원한 것도 아니다. 자신 없어 하는 모세를 하나님께서 여러 가지로 타이르고 설득하여 행하신 일이다. 애굽을 탈출하는 과정은 홍해의 기적에서 보듯 참으로 험난했다. 이후 광야의 40년은 이전과 비할 바 없이 더 지난한 과정이었다. 하나님께서 만나와 메추라기로 먹이시고 불 기둥과 구름 기둥으로 추위와 더위를 이기게 해 주셨지만, 끊임없이 이어지는 이스라엘 백성들의 불만과 모세에 대한 원망, 그리고 측근들의 배신, 틈만 나면 일어나는 우상 숭배로 모세는 지칠 대로 지쳐 가고 있었다. 이 와중에 일어난 사건이 '므리바' 사건이다. 이스라엘 백성이 신 광야 가데스에 이르렀을 때 물이 없으므로 모세에게 따져 묻기를 "괜히 당신이 우리를 애굽에서 나오게 하여 사람과 짐승들을 다 죽게 했으니 이제 어떻게 할 거냐? 책임져라!"라며 험악한 분위기를 만든 것이다. 모세라고 별수 있겠는가? 하나님께 엎드려 해결책을 구하는 방법밖에. 이때 하나님께서 명하기를, "반석(바위)에게 명하여 '물을 내라' 하라!"

모세는 백성을 바위 앞에 모이게 한다. 그러나 그의 마음에 백성을 향한 분노가 남아 있었던 모양이다. 모세가 그들을 위해 얼마나 고생하고 고초를 겪고 있는데 걸핏하면 원망하고 대들고 어긋나느냐 말이다. 그래서 순간 하나님의 말씀을 잊어 버리고, 지팡이로 바위를 두 번 치고 만다. 우리가 화날 때 흔히 저지르는 실수 같은 것이겠지만, 그 결과는 치명적이다.

모세는 자기 감정을 다스리지 못해 노를 발하며 하나님 말씀에 불순종한 것도 큰 문제였다. 그러나 그보다 더 큰 문제는 끝까지 하나님의 종으로 사명을 감당해야 할 모세가 하나님의 위치에 있으려 했다는 점이다. "우리가 너희를 위하여 이 반석에서 물을 내랴"(민20:10절하)라며, 자신이 물을 내는 것처럼 하였다. 우리는 끝까지 하나님의 영광을 위한 종이어야지 하나님의 영광을 가로채서는 안 된다.

바위를 치는 모세(Moses striking the Rock) / Corrado Giaquinto

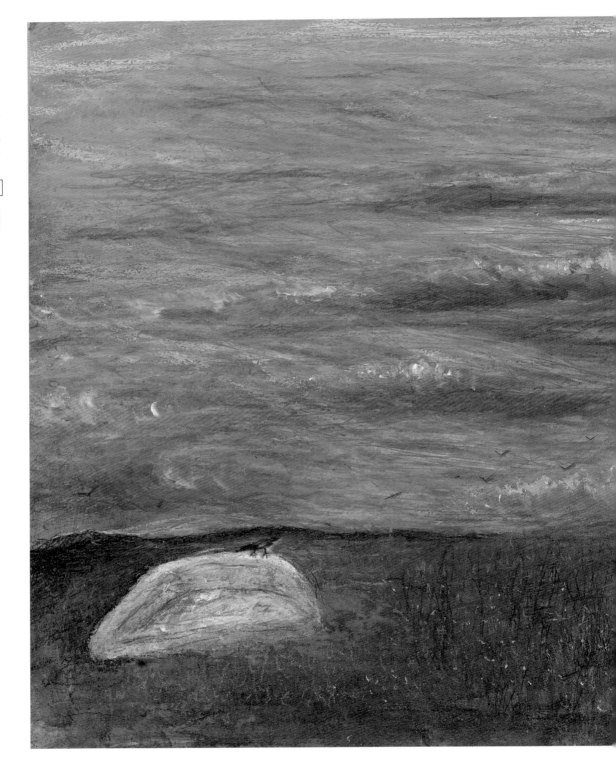

그리운 사람
그리운 것들은
그대로일까
내 마음 같은 꽃잎 하나
구름에 띄워 보내네

귀향, 한희원 2019

Paradigm
Shift

패러다임 전환

고통/고난 | 광야 스펙트럼 | 감사/은혜

성령님 Holy Spirit > **Wilderness Spectrum** < Holy Spirit 성령님

패러다임 시프트 Paradigm Shift

Edom
에돔

에돔은 야곱의 형 에서의 후손이다.

에서 곧 에돔의 족보는 이러하니라 <창36: 1>
이들은 그 구역과 거처를 따른 에돔 족장들이며 에돔
족속의 조상은 에서더라 <창36:43>

에서는 야곱과 결별 후 요단강 건너편 세일(광야 산
악지대)에 정착해 큰 무리를 이루었다.

야곱이 세일 땅 에돔 들에 있는 형 에서에게로 자기
보다 앞서 사자들을 보내며 <창32:3>

에돔은 그 후에 모압과 세렛 시내를 경계로 에돔 왕
국을 수립하였고, 이스라엘(북이스라엘, 남유다)과
경쟁, 반목, 전쟁까지 불사 하였다. 그 절정은 (신)바
벨론이 남유다 왕국을 멸망(BC538)시켰을 때 그에
방관, 동조, 협력 심지어 앞장선 것이었다. 그에 관해
하나님은 선지자 오바댜를 통해 에돔의 멸망을 예언
하셨으며, 그의 예언대로 에돔은 (신)바벨론에 멸망
(BC533)하게 된다.
멸망한 에돔의 자리에는 아랍계 유목민 나바테아인
이 유입, 페트라를 중심으로 강력한 왕국을 세웠고,
에돔 인들은 네겝 지역(남유다 남단 광야)으로 이주
하게 된다. 훗날 이곳을 정복한 알렉산더 대왕의 헬
라 제국은, 멸망해서 이주해 온 에돔인을 그들의 언
어로 '이두매'라고 불렀다.
*이두매[Idumea] : '에돔 사람의 땅'을 의미하는 고대
그리스어에서 유래

신구약 중간기를 거치며(BC 2세기경) 이두매인들
은 하스몬 왕조의 요한 힐카누스에 의해 유대교로 강
제 개종당했다. 공교롭게도 그 이두매인 중 훗날 이
스라엘을 통치할 특출한 한 인물과 가문이 등장했다.
바로 헤롯 안티파터 2세와 ─ 신약 성경을 여는 또 하
나의 열쇠 ─ 헤롯 가문이다.

에서, 에돔에서 이두매, 헤롯 왕가까지

명칭	장소(지역)	참고
에서	세일(광야 산지)	에돔 시조
에돔	보스라(수도)	에서 별명이자 후손 (B.C.533 멸망/신 바벨론)
이두매	네겝(유다 남방)	나바테아에게 밀려남 (신 바벨론 침략 이후 ~)
헤롯 왕가	예루살렘	요한 힐카누스에 의해 유대교로 강제 개종당함

* 보스라(Bozrah) : '양 우리(Sheep pen)'란 뜻
* 현지 지명 : 부사이라(Busaira)

<미 2:12>
야곱아 내가 반드시 너희 무리를 다 모으며 내가 반드시 이스라엘의 남은 자를
모으고 그들을 한 처소에 두기를 보스라의 양 떼 같이 하며 초장의 양 떼 같이
하리니 사람들이 크게 떠들 것이며

메시아가 보스라에서?

<사 63:1>

에돔에서 오는 이 누구며 붉은 옷을 입고 보스라에서 오는 이 누구냐 그의 화려한 의복 큰 능력으로 걷는 이가 누구냐 그는 나이니 공의를 말하는 이요 구원하는 능력을 가진 이니라

에돔을 정복한 다윗

<삼하 8:13-14>

13 다윗이 소금 골짜기에서 에돔 사람만 팔천 명을 쳐죽이고 돌아와서 명성을 떨치니라

14 다윗이 에돔에 수비대를 두되 온 에돔에 수비대를 두니 에돔 사람이 다 다윗의 종이 되니라 다윗이 어디로 가든지 여호와께서 이기게 하셨더라

에돔의 수도 보스라 멸망 예언

<욜 3:18-19>

18 그날에 산들이 단 포도주를 떨어뜨릴 것이며 작은 산들이 젖을 흘릴 것이며 유다 모든 시내가 물을 흘릴 것이며 여호와의 성전에서 샘이 흘러 나와서 싯딤 골짜기에 대리라

19 그러나 애굽은 황무지가 되겠고 에돔은 황무한 들이 되리니 이는 그들이 유다 자손에게 포악을 행하여 무죄한 피를 그 땅에서 흘렸음이니라

> 당대 활동(분열 왕국 시대) 선지자
BC 9(추정) 오바댜, 요엘 / BC 8 아모스, 미가, 이사야

예언 성취 >> 에돔 멸망 :BC 533 / (신)바벨론

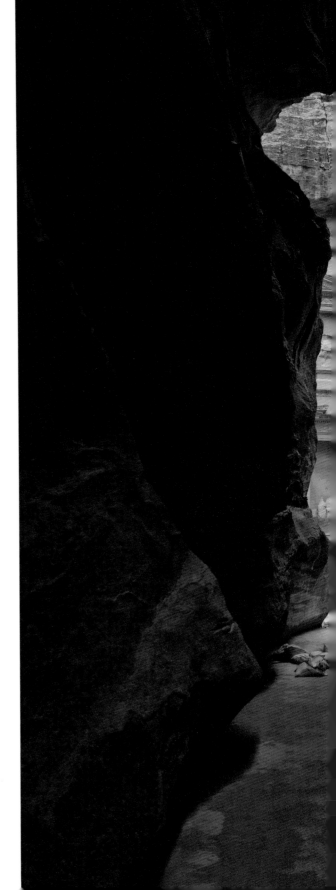

'영성 없는 바위'
에돔 멸망에 관한 묵시

> (신)바벨론 제국 느브갓네살 왕은 남유다(시드기야 왕)를 공격 하여 마침내 멸망(BC 586)시킴. 왕하 25:1-21
> 이때 형제의 나라(에서와 야곱의 관계로부터) 에돔은 남유다를 돕지 않았을 뿐만 아니라, (신)바벨론과 함께 남유다 정복과 약탈에 앞장섰다. 옵 1:10-14

<오바댜 1장>
1 오바댜의 묵시라 주 여호와께서 에돔에 대하여 이와 같이 말씀하시니라
2 **너의 마음의 교만**이 너를 속였도다 바위 틈에 거주하며 높은 곳에 사는 자여 네가 마음에 이르기를 누가 능히 나를 땅에 끌어내리겠느냐 하니
4 네가 독수리처럼 높이 오르며 별 사이에 깃들일지라도 내가 거기에서 너를 끌어내리리라 여호와의 말씀이니라
10 **네가 네 형제 야곱에게 행한 포학으로 말미암아 부끄러움을 당하고 영원히 멸절되리라**
11 네가 멀리 섰던 날 곧 이방인이 그의 재물을 빼앗아 가며 외국인이 그의 성문에 들어가서 예루살렘을 얻기 위하여 제비 뽑던 날에 너도 그들 중 한 사람 같았느니라
12 네가 형제의 날 곧 그 재앙의 날에 방관할 것이 아니며 유다 자손이 패망하는 날에 기뻐할 것이 아니며 그 고난의 날에 네가 입을 크게 벌릴 것이 아니며
13 내 백성이 환난을 당하는 날에 네가 그 성문에 들어가지 않을 것이며 환난을 당하는 날에 네가 그 고난을 방관하지 않을 것이며 환난을 당하는 날에 네가 그 재물에 손을 대지 않을 것이며
14 네거리에 서서 그 도망하는 자를 막지 않을 것이며 고난의 날에 그 남은 자를 원수에게 넘기지 않을 것이니라
15 **여호와께서 만국을 벌할 날이 가까웠나니 네가 행한 대로 너도 받을 것인즉 네가 행한 것이 네 머리로 돌아갈 것이라 16 너희가 내 성산에서 마신 것 같이 만국인이 항상 마시리니 곧 마시고 삼켜서 본래 없던 것 같이 되리라**
20 사로잡혔던 이스라엘의 많은 자손은 가나안 사람에게 속한 이 땅을 사르밧까지 얻을 것이며 예루살렘에서 사로잡혔던 자들 곧 스바랏에 있는 자들은 네겝의 성읍들을 얻을 것이니라
21 **구원 받은 자들이 시온 산에 올라와서 에서의 산을 심판하리니 나라가 여호와께 속하리라**

PETRA[ΠΕΤΡΑ]
-페트라는 고대 그리스어로 '바위'
- 아랍계 유목민 나바테안 왕국(BC 6세기 ~ AD 106)의 수도
- '파라오의 보물 창고'로 알려진 알카즈네(Al-Khazneh)는 AD 1세기경 페트라-나바테아 왕국 아레다 4세(Aretas IV) 시기에 건축됨

2007년, 세계 7대 불가사의로 새로이 지정된 **페트라**

Petra

It seems no work of Man's creative hand,
by labour wrought as wavering fancy planned;
But from the rock as if by magic grown,
eternal, silent, beautiful, alone!
Not virgin-white like that old Doric shrine,
where erst Athena held her rites divine;
Not saintly-grey, like many a minster fane,
that crowns the hill and consecrates the plain;
But rose-red as if the blush of dawn,
that first beheld them were not yet withdrawn;
The hues of youth upon a brow of woe,
which Man deemed old two thousand years ago,
Match me such marvel save in Eastern clime,
a rose-red city half as old as time.
John William Burgon / y.1845

A rose-red city half as old as time!
영원의 절반만큼 오래된, 장밋빛 붉은 도시 페트라!

영국 시인 존 윌리엄 버건은 페트라를 세상에서 가장 경이로운 곳이라 극찬했다. 한편 놀라운 점은 이 시를 쓸 당시 페트라를 단 한번도 방문한 적이 없다는 사실! 그렇다면 어떻게 이토록 페트라에 대한 아름다운 시를 썼을까? 아마도 페트라를 방문한 여행가들에게 들었을 '놀라운 페트라'를 수없이 상상하며 써 내려간 것일 테다. 이 사실은 잘 알려지지 않았다. 어쩌면 알려지지 않은 편이 더 나았을 수도 있다. 그것이 '영원을 절반 가까이 품은 핑크빛 붉은 도시 페트라'에 대한 환상을 더 자극하기에! 시인은 시를 쓴 후 무려 17년이 지난 1862년 마침내 페트라를 방문했다. 과연 실제 마주한 페트라는 어땠을까? 여기 시인이 누이에게 쓴 편지 내용 중 일부를 소개한다.

The most astonishing and interesting place I ever visited!
But there is nothing rosy in Petra by any means!
(페트라는) 지금껏 내가 방문한 장소 중
가장 경이롭고 흥미로운 곳이야!
그런데... 페트라는 전혀 장밋빛이 아닌 걸!

페트라는 '영원의 절반만큼 오래된 장밋빛 도시'라기보단 '영원의 절반만큼 오래된 장밋빛 로망'에 더 가까워 보인다.

이집트 파라오의 보물 창고?
알 카즈네(Al Khazneh)

왕의 대로 모세가 에돔에게 청원했던 길
KING'S HIGH WAY

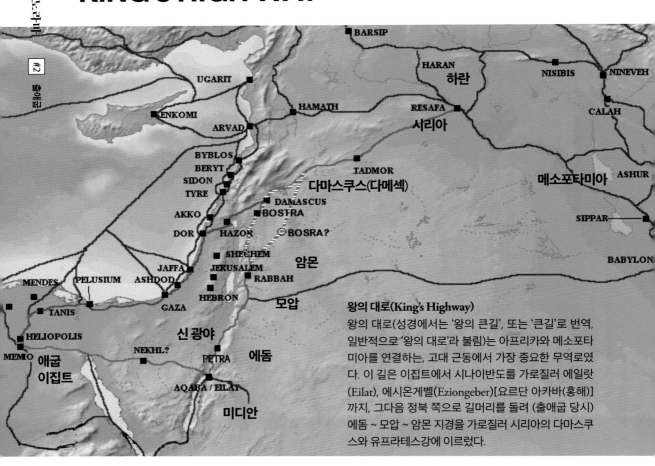

왕의 대로(King's Highway)

왕의 대로(성경에서는 '왕의 큰길', 또는 '큰길'로 번역, 일반적으로 '왕의 대로'라 불림)는 아프리카와 메소포타미아를 연결하는, 고대 근동에서 가장 중요한 무역로였다. 이 길은 이집트에서 시나이반도를 가로질러 에일랏(Eilat), 에시온게벨(Eziongeber)[요르단 아카바(홍해)]까지, 그다음 정북 쪽으로 길머리를 돌려 (출애굽 당시) 에돔 ~ 모압 ~ 암몬 지경을 가로질러 시리아의 다마스쿠스와 유프라테스강에 이르렀다.

ONLY ALONG THE KING'S HIGHWAY

<민 20:17-21>
17 청하건대 우리에게 당신의 땅을 지나가게 하소서 우리가 밭으로나 포도원으로 지나가지 아니하고 우물물도 마시지 아니하고 [오직] 왕의 큰길로만 지나가고 당신의 지경에서 나가기까지 왼쪽으로나 오른쪽으로나 치우치지 아니하리이다 한다고 하라 하였더니

18 에돔 왕이 대답하되 너는 우리 가운데로 지나가지 못하리라 내가 칼을 들고 나아가 너를 대적할까 하노라
19 이스라엘 자손이 이르되 우리가 큰길로만 지나가겠고 우리나 우리 짐승이 당신의 물을 마시면 그 값을 낼 것이라 우리가 도보로 지나갈 뿐인즉 아무 일도 없으리이다 하나
20 그는 이르되 너는 지나가지 못하리라 하고 에돔 왕이 많은 백성을 거느리고 나와서 강한 손으로 막으니
21 에돔 왕이 이같이 이스라엘이 그의 영토로 지나감을 용납하지 아니하므로 이스라엘이 그들에게서 돌이키니라

미디안 광야와 모세

**왕의 대로:
가나안에
이르는
가장 빠르고 안전한 길**

Q. 모세는 왜 왕의 대로를 고집했을까?
모세의 미디안 광야 40년

<출 2:11-15>
11 모세가 장성한 후에 한번은 자기 형제들에게 나가서
그들이 고되게 노동하는 것을 보더니 어떤 애굽 사람이
한 히브리 사람 곧 자기 형제를 치는 것을 본지라
12 좌우를 살펴 사람이 없음을 보고 그 애굽 사람을 쳐죽
여 모래 속에 감추니라
13 이튿날 다시 나가니 두 히브리 사람이 서로 싸우는지
라 그 잘못한 사람에게 이르되 네가 어찌하여 동포를 치
느냐 하매
14 그가 이르되 누가 너를 우리를 다스리는 자와 재판관
으로 삼았느냐 네가 애굽 사람을 죽인 것처럼 나도 죽이
려느냐 모세가 두려워하여 이르되 일이 탄로되었도다
15 바로가 이 일을 듣고 모세를 죽이고자 하여 찾는지라
모세가 바로의 낯을 피하여 미디안 땅에 머물며 하루는
우물 곁에 앉았더라

A.가나안에 이르는 고대 고속도로: 왕의 대로

모세는 이집트 사람을 죽인 것이 발각되었음을 알고 급
히 이집트를 탈출해 미디안 땅(광야)으로 도망갔다. 이
집트로 돌아갈 수 없었던 모세는 미디안에 정착했다. 그
곳에서 이드로(장인)의 양을 쳤던 모세는 무려 40년 동
안 아라비아 대상들이 '유향 / 향신료 길'과 '왕의 대로'를
통한 교역을 셀 수 없을 만큼 목격했을 것이다. 그러므로
모세는 그 누구보다 [에돔 ~ 모압 ~ 암몬 ~ 요단 강 동편
에 이르는 왕의 대로]를 잘 알고 있었을 것이다. 따라서
그가 에돔에게 가나안에 이르는 가장 빠르고 안전한 길
인 왕의 대로를 고집했던 것은 너무도 당연한 일이다. 모
세는 에돔을 우회한 후, 모압과 헤스본의 아모리 왕 시혼
에게도 에돔 왕에게청했던 것과 같이 오직 왕의 대로만
을 요청했다.

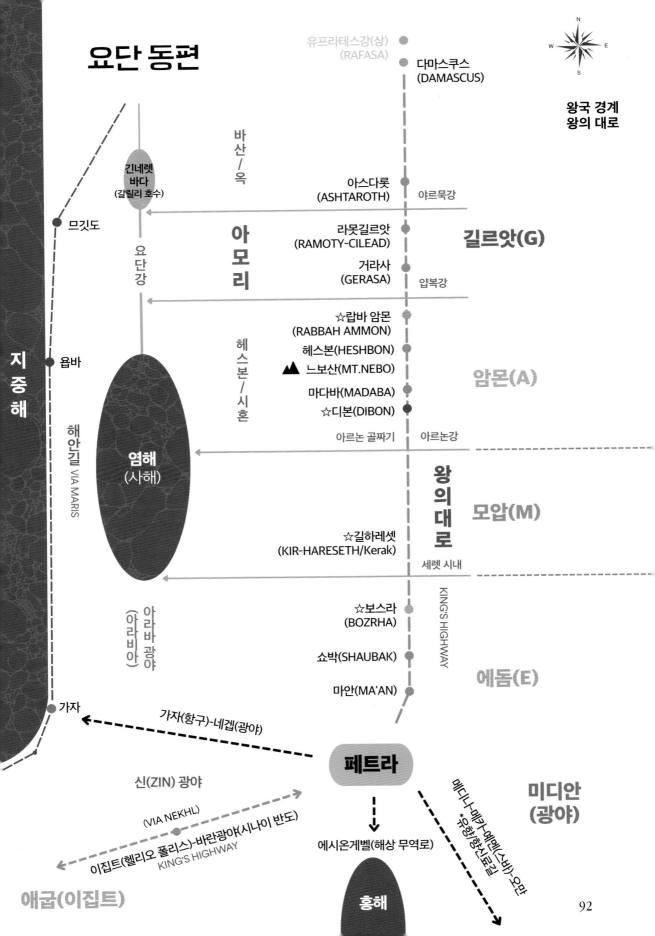

요단 동편

유프라테스강(상)
(RAFASA)

다마스쿠스
(DAMASCUS)

왕국 경계
왕의 대로

긴네렛
바다
(갈릴리 호수)

바산 / 옥

아스다롯
(ASHTAROTH)

야르묵강

길르앗(G)

므깃도

아
모
리

라못길르앗
(RAMOTY-CILEAD)

요단강

거라사
(GERASA)

압복강

욥바

헤스본 / 시혼

☆랍바 암몬
(RABBAH AMMON)

헤스본(HESHBON)

느보산(MT.NEBO)

암몬(A)

지중해

마다바(MADABA)

☆디본(DIBON)

아르논 골짜기

아르논강

염해
(사해)

해안길 VIA MARIS

왕
의
대
로

모압(M)

☆길하레셋
(KIR-HARESETH/Kerak)

세렛 시내

아라바 광야
(아라바)

☆보스라
(BOZRHA)

KING'S HIGHWAY

쇼박(SHAUBAK)

에돔(E)

가자

마안(MA'AN)

가자(항구)-네겝(광야)

페트라

신(ZIN) 광야

미디안
(광야)

메디나-메카-예멘(스바)-오만
*유향(향신료)길

(VIA NEKHL)

이집트(헬리오 폴리스)-바란광야(시나이 반도)
KING'S HIGHWAY

에시온게벨(해상 무역로)

애굽(이집트)

홍해

92

연상 연습

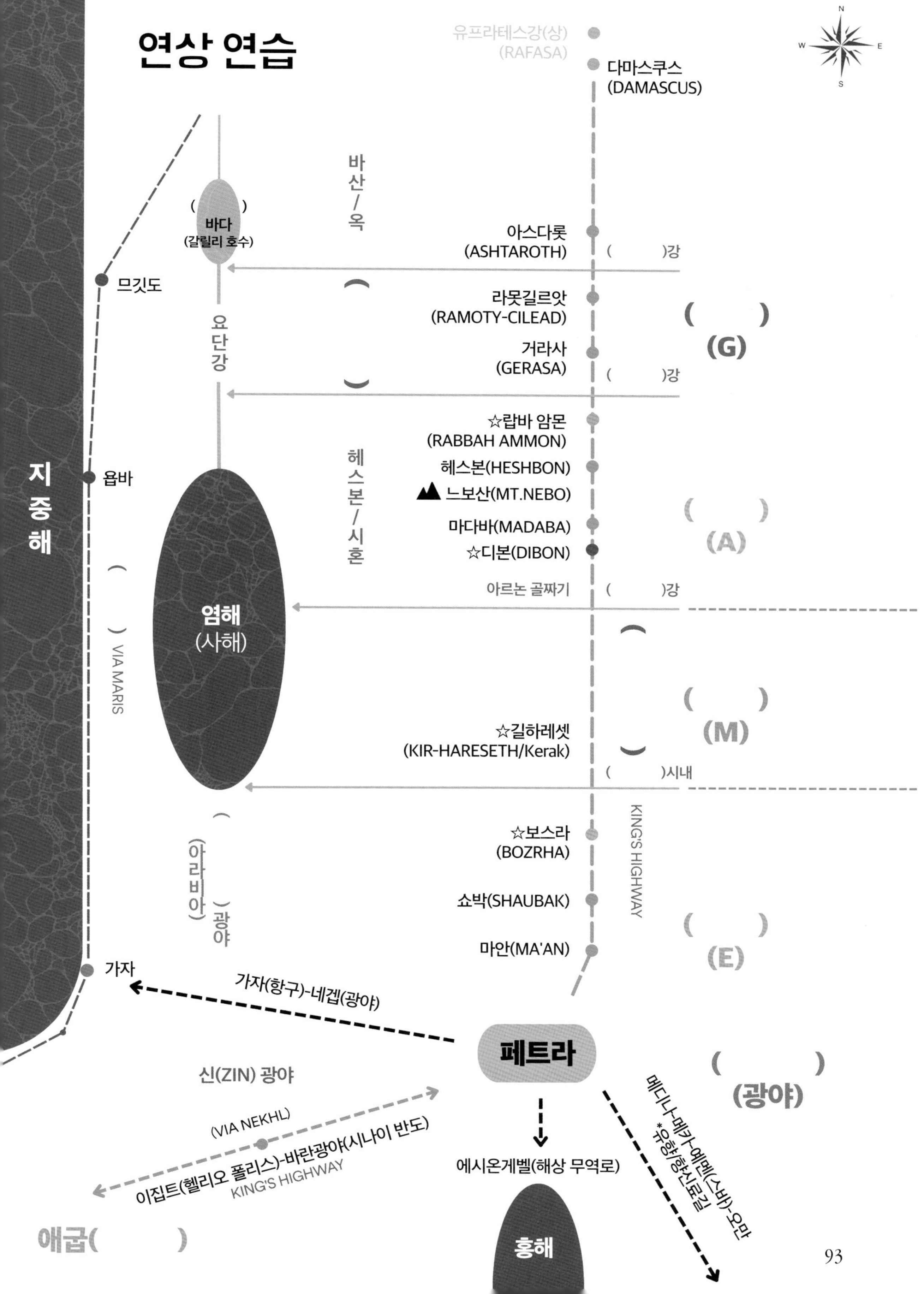

유프라테스강(상)
(RAFASA)

다마스쿠스
(DAMASCUS)

바산／옥

바다
(갈릴리 호수)
( )

므깃도

아스다롯
(ASHTAROTH)

( )강

요단강

라못길르앗
(RAMOTY-CILEAD)

거라사
(GERASA)

( )강

( ) (G)

욥바

헤스본／시혼

☆랍바 암몬
(RABBAH AMMON)

헤스본(HESHBON)

▲▲ 느보산(MT.NEBO)

마다바(MADABA)

☆디본(DIBON)

( ) (A)

지중해

염해
(사해)

아르논 골짜기 ( )강

( ) (M)

☆길하레셋
(KIR-HARESETH/Kerak)

( )시내

( )

VIA MARIS

KING'S HIGHWAY

☆보스라
(BOZRHA)

쇼박(SHAUBAK)

마안(MA'AN)

( ) (E)

(아라비아) 광야

가자

가자(항구)-네겝(광야)

페트라

( ) (광야)

신(ZIN) 광야

(VIA NEKHL)

이집트(헬리오 폴리스)-바란광야(시나이 반도)
KING'S HIGHWAY

에시온게벨(해상 무역로)

메디나-메카-예멘(스바)-오만
*우향[향신료]길

애굽( )

홍해

93

다윗과 아비가일의 만남(The Meeting of David and Abigail) / Peter Paul Rubens

또 다른 마온, 어리석은 자와 현명한 자

마온의 현 지명은 마안(Maan)이다. 이스라엘에 적대적이었던 마온 사람(Maonites)들이 살았던 곳으로 추정한다. 유다를 공격하다가 오히려 유다 여호사밧 왕에게 패한 성읍이다. 해발 1,093m의 지역에 위치한 곳으로 물이 있어서 사람들이 거주하기에 적합하고, 고대 교역로가 지나가는 중요한 위치다. 다메섹을 거쳐 하란으로 가는 길과, 가사와 메카를 연결하는 교통의 요지다. 이 지역에 있는 함맘(Hammam)은 요새의 유적이 있으며, 여러 시대의 토지가 발견된 곳이다. 성경에 이곳 마온과 또 다른 '마온'이 있는데, 유다 지파 성읍에 속한 다윗의 피난지다. 나중에 다윗과 결혼한 아비가일의 전 남편인 나발의 고향이다.

다윗과 이들 부부, 즉 나발 – 아비가일 간의 얘기는 매우 흥미진진하다. 다윗은 사울에게 눈엣가시와 같은 존재다. 자신의 왕위를 위협하는 강력한 경쟁자로 다윗을 생각한 것이다. 그래서 늘 다윗을 죽이려 했고, 다윗은 여러 번 사울을 죽일 수도 있었지만, 하나님이 세우신 왕을 해하는 것은 옳지 않다면서 피해 다녔다. 다윗은 한때 6백 명 군사와 함께 피난지인 마온에 거주하면서, 나발의 3천 마리 양과 1천 마리 염소를 보호해 주고 있었다. 수확의 축제를 즐기는 양털 깎는 날, 다윗이 자신의 부하들을 보내 예의를 갖추어서 나발에게 음식을 조금 달라고 하자, 그는 음식 대접은커녕, 모욕하는 말만 늘어놓았다. 빈손으로 돌아 온 다윗의 부하들이 나발의 얘기를 전하고, 다윗은 크게 노하여 나발의 가문을 치기로 결정한다.

나발의 하인 한 명이 이러한 상황을 아비가일에게 알려준다. 이에 지혜롭고 실행력이 뛰어난 아비가일은 남편과 상의하지도 않고 급히 떡과 포도주, 각종 음식과 과일을 싣고 다윗에게 달려간다. 그러고는 다윗 앞에 엎드려 용서를 구한다. 다윗은 아비가일의 사과를 받아들이고, 오히려 자신이 성급한 복수 계획을 아비가일 덕분에 멈추게 되었다면서 그녀를 칭찬한다. 이 일로 어리석은 나발은 겁에 질려 열흘 후 낙담하여 죽게 되고, 이 소식을 들은 다윗이 아비가일에게 청혼하여 아내로 삼는다. 다윗과 아비가일 사이에서 다윗의 둘째 아들 길르압이 태어난다.

그녀가 당시에 만든 떡은 많은 이의 목숨을 구한 '헐레벌떡, 생명 떡'이 아니었을까?

요단강 건너편 파노라마   #2   출애굽

MOUNT
HOR 호르산

JEBEL HAROUN
제벨 하룬

아론의 죽음

<신 10:6-9>

6 (이스라엘 자손이 브에롯 브네야아간에서 길을 떠나 모세라에 이르러 아론이 거기서 죽어 장사되었고 그의 아들 엘르아살이 그를 이어 제사장의 직임을 행하였으며...

9 그러므로 레위는 그의 형제 중에 분깃이 없으며 기업이 없고 네 하나님 여호와께서 그에게 말씀하심 같이 여호와가 그의 기업이시니라)

<민 3:6,9>

6 레위 지파는 나아가 제사장 아론 앞에 서서 그에게 시종하게 하라

9 너는 레위인을 아론과 그의 아들들에게 맡기라 그들은 이스라엘 자손 중에서 아론에게 온전히 맡겨진 자들이니라

<민 20:22-29>

22 이스라엘 자손 곧 온 회중이 가데스를 떠나 호르산에 이르렀더니

23 여호와께서 에돔 땅 변경 호르산에서 모세와 아론에게 말씀하시니라 이르시되

24 아론은 그 조상들에게로 돌아가고 내가 이스라엘 자손에게 준 땅에는 들어가지 못하리니 이는 너희가 므리바 물에서 내 말을 거역한 까닭이니라

25 너는 아론과 그의 아들 엘르아살을 데리고 호르산에 올라

26 아론의 옷을 벗겨 그의 아들 엘르아살에게 입히라 아론은 거기서 죽어 그 조상에게로 돌아가리라

27 모세가 여호와의 명령을 따라 그들과 함께 회중의 목전에서 호르산에 오르니라

28 모세가 아론의 옷을 벗겨 그의 아들 엘르아살에게 입히매 아론이 그 산 꼭대기에서 죽으니라 모세와 엘르아살이 산에서 내려오니

29 온 회중 곧 이스라엘 온 족속이 아론이 죽은 것을 보고 그를 위하여 삼십 일 동안 애곡하였더라

아름다운 동행
동역

모세와 아론의 동역

<출 4:10-16>

10 모세가 여호와께 아뢰되 오 주여 나는 본래 말을 잘 하지 못하는 자니이다 주께서 주의 종에게 명령하신 후에도 역시 그러하니 나는 입이 뻣뻣하고 혀가 둔한 자니이다
11 여호와께서 그에게 이르시되 누가 사람의 입을 지었느냐 누가 말 못 하는 자나 못 듣는 자나 눈 밝은 자나 맹인이 되게 하였느냐 나 여호와가 아니냐
12 이제 가라 내가 네 입과 함께 있어서 할 말을 가르치리라
13 모세가 이르되 오 주여 보낼 만한 자를 보내소서
14 여호와께서 모세를 향하여 노하여 이르시되 레위 사람 네 형 아론이 있지 아니하냐 그가 말 잘 하는 것을 내가 아노라 그가 너를 만나러 나오나니 그가 너를 볼 때에 그의 마음에 기쁨이 있을 것이라
15 너는 그에게 말하고 그의 입에 할 말을 주라 내가 네 입과 그의 입에 함께 있어서 너희들이 행할 일을 가르치리라
16 그가 너를 대신하여 백성에게 말할 것이니 그는 네 입을 대신할 것이요 너는 그에게 하나님 같이 되리라

[우리]는 하나님의 뜻

<엡 2:10, 18, 21, 22>

10 우리는 그가 만드신 바라 그리스도 예수 안에서 선한 일을 위하여 지으심을 받은 자니 이 일은 하나님이 전에 예비하사 우리로 그 가운데서 행하게 하려 하심이니라
18 이는 그로 말미암아 우리 둘이 한 성령 안에서 아버지께 나아감을 얻게 하려 하심이라
21 그의 안에서 건물마다 서로 연결하여 주 안에서 성전이 되어 가고
22 너희도 성령 안에서 하나님이 거하실 처소가 되기 위하여 그리스도 예수 안에서 함께 지어져 가느니라

<고후 8:23>

23 디도로 말하면 나의 동료요 너희를 위한 나의 동역자요 우리 형제들로 말하면 여러 교회의 사자들이요 그리스도의 영광이니라

GOD'S FELLOW WORKERS

믿음의 동역자

Praying for
the Most Beautiful Ending

세상에서 가장 아름다운 마침표를 위한 기도

온 회중 곧 이스라엘 온 족속이 아론이 죽은 것을 보고

그를 위하여 삼십 일 동안 애곡하였더라 / 민 20:29

주님,
제가 세상에 태어났을 때 저는 울었고, 사람들은 미소 지었다더군요.
[푯대를 향하여 그리스도 예수 안에서 하나님이 위에서 부르신 부름의 상을 위하여
달려(빌3:14)] 가다, 마침내 세상과 이별할 때 저만 미소 짓고 세상 사람들은
슬퍼하는 그런 삶을 살기 원합니다.
아멘.

요단강 건너편 파노라마　#2　출애굽

불뱀 · 놋뱀

에돔 땅 돌아 다시 광야 (홍해 길) 상한 마음과 원망의 소리, 불뱀 그리고 놋뱀

놋뱀(The Brazen Serpent) / James Tissot

[성경 동물] 아라비아 불뱀

아라비아 사막(광야)에는 무려 50종이 넘는 맹독성 뱀들이 서식한다. 이스라엘이 지나던 아라비아 광야 지역에는 불붙은 듯한 붉은 반점이 있는 독사인 불뱀이 서식했다. '불'은 그 뱀의 맹독성을 상징한다고도 한다. '불뱀'이란 명칭은 한번 물리면 그 맹독으로 온몸이 타는 듯한 열기를 느끼며 극한 고통 속에 죽어간다고 하여 붙여진 이름으로 추측된다.

Q&A

Q. 출애굽 여정의 공간적 배경은 사막과 광야다. 불뱀과 맹독성 뱀, 전갈과 같은 독충이 서식하는 위험한 곳이다. 그렇다면 긴 여정 동안 한번도 그것들로부터 해를 입지 않았다는 것은 어떤 의미일까?

<신 8:15>

A. 너를 인도하여 그 광대하고 위험한 광야 곧 불뱀과 전갈이 있고 물이 없는 간조한 땅을 지나게 하셨으며 또 너를 위하여 단단한 반석에서 물을 내셨으며

믿음 = 영생

<민 21:4-9>
4 백성이 호르산에서 출발하여 홍해 길을 따라 에돔 땅을 우회하려 하였다가 길로 말미암아 백성의 마음이 상하니라
5 백성이 하나님과 모세를 향하여 원망하되 어찌하여 우리를 애굽에서 인도해 내어 이 광야에서 죽게 하는가 이곳에는 먹을 것도 없고 물도 없도다 우리 마음이 이 하찮은 음식을 싫어하노라 하매
6 여호와께서 불뱀들을 백성 중에 보내어 백성을 물게

하시므로 이스라엘 백성 중에 죽은 자가 많은지라
7 백성이 모세에게 이르러 말하되 우리가 여호와와 당신을 향하여 원망함으로 범죄하였사오니 여호와께 기도하여 이 뱀들을 우리에게서 떠나게 하소서 모세가 백성을 위하여 기도하매
8 여호와께서 모세에게 이르시되 불뱀을 만들어 장대 위에 매달아라 물린 자마다 그것을 보면 살리라
9 모세가 놋뱀을 만들어 장대 위에 다니 뱀에게 물린 자가 놋뱀을 쳐다본즉 모두 살더라

놋뱀(The Brazen Serpent) / Anthony van Dyck

<요 3:14-15>
14 모세가 광야에서 뱀을 든 것 같이 인자도 들려야 하리니
15 이는 그를 믿는 자마다 **영생**을 얻게 하려 하심이니라
<요 17:3>
영생은 곧 유일하신 참 하나님과 그가 보내신 자 예수 그리스도를 아는 것이니이다

요단강 건너편 파노라마　#2 출애굽

GET UP AND CROSS THE ZERED VALLEY!

새 세대와 건너는 세렛 시내

*현지 지명 : 와디 알 하사(Wadi al Hasa)

일어나 세렛 시내를 건너가라!

<민 21:11-12>
11 오봇을 떠나 모압 앞쪽 해 돋는 쪽 광야 이예아바림에 진을 쳤고
12 거기를 떠나 세렛 골짜기에 진을 쳤고

[성지 용어] 아랍어 와디(Wadi)

건조한 시기에는 물이 흐르지 않지만, 우기에 큰비가 내릴 때 일시적으로 물이 흐르는 하저(河底, 하천의 밑바닥), 건곡(乾谷, 마른 골짜기), 건천(乾川, 조금만 가물어도 마르는 하천)이라고 부르기도 한다.

<신 2:13-15>
13 이제 너희는 일어나서 세렛 시내를 건너가라 하시기로 우리가 세렛 시내를 건넜으니

14 가데스 바네아에서 떠나 세렛 시내를 건너기까지 삼십팔 년 동안이라 이 때에는 그 시대의 모든 군인들이 여호와께서 그들에게 맹세하신 대로 진영 중에서 다 멸망하였나니

15 여호와께서 손으로 그들을 치사 진영 중에서 멸하신 고로 마침내는 다 멸망되었느니라

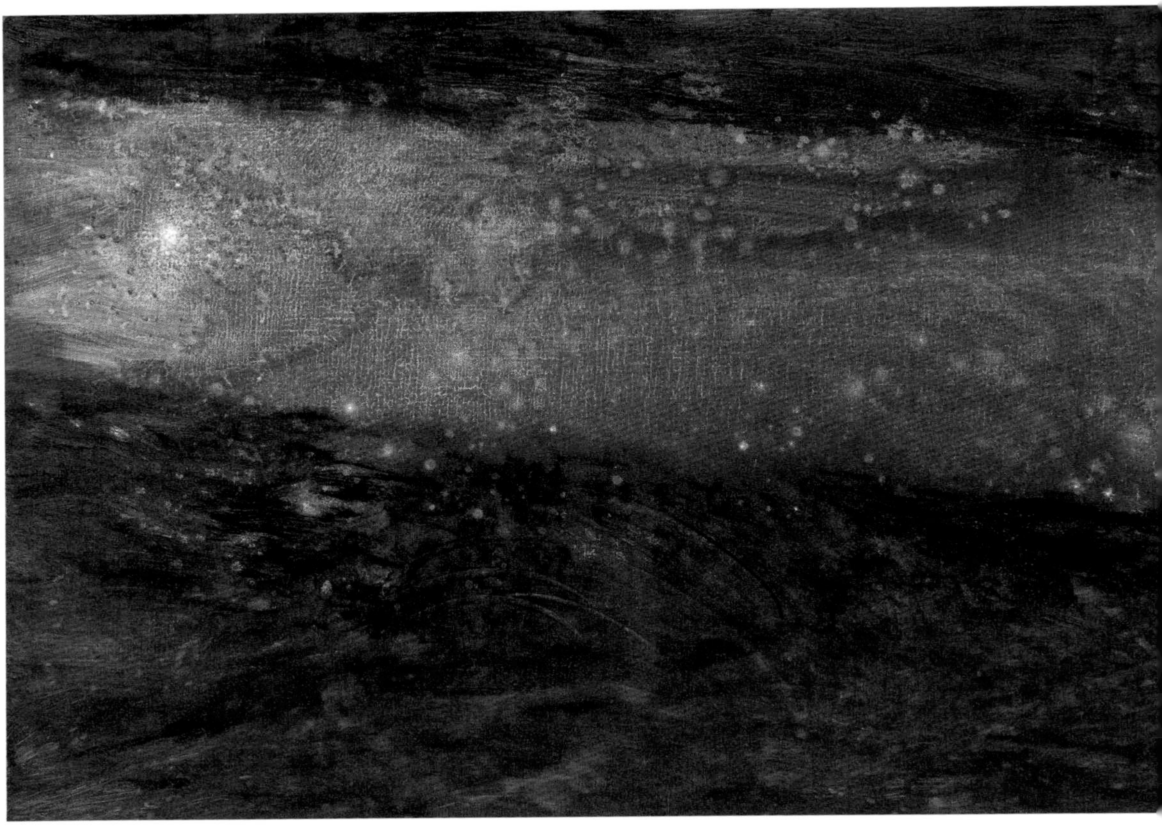

피안의 강과 별, 한희원 2021

짙은 밤이 아니어도
별은 어디선가 떠 있고
바람이 불지 않아도
높은 산 너머에 바람이 오고 있다
말없이
생의 시간 속을 걷는다

HAN HEE WON 21

THIS VERY DAY
I WILL BEGIN
DEUT. 2:25

QR 코드를 (스마트폰 카메라 기능) 스캔하시면
<이제 역전되리라> 찬양으로 (Youtube) 바로 연결됩니다.

이제 역전되리라
시와 그림

기도를 멈추지 마라
눈앞의 상황이 마음을 눌러도
원망치 마라 너의 입을 지켜라
저들은 너의 입을 보고 있다

마음을 뺏기지 마라
내가 널 도우지 않는단 소리에
너의 모든 게 모든 게 불리해도
너는 기도를 계속해라

너 기도를 멈추지 마라
내가 너의 그 모든 상황을
바로 역전시키리니

너 기도를 멈추지 마라
내가 잠시도 쉬지 않고
모든 걸 지켜보고 있으니
바로 역전되리라

저들의 힘이 너를 압도해도
저들의 힘이 네 숨을 조여도
너는 보리라 기도의 능력을
내가 역전시키리라

너 기도를 멈추지 마라
내가 너의 그 모든 상황을
바로 역전시키리니

너 기도를 멈추지 마라
내가 잠시도 쉬지 않고
모든 걸 지켜보고 있으니
바로 역전되리라

이제 역전되리라

<삿 11:16-18>

16 이스라엘이 애굽에서 올라올 때에 광야로 행하여 홍해에 이르고 가데스에 이르러서는

17 이스라엘이 사자들을 에돔 왕에게 보내어 이르기를 청하건대 나를 네 땅 가운데로 지나게 하라 하였으나 에돔 왕이 이를 듣지 아니하였고 또 그와 같이 사람을 모압 왕에게도 보냈으나 그도 허락하지 아니하므로 이스라엘이 가데스에 머물렀더니

18 그 후에 광야를 지나 에돔 땅과 모압 땅을 돌아서 모압 땅의 해 뜨는 쪽으로 들어가 아르논 저쪽에 진 쳤고 아르논은 모압의 경계이므로 모압 지역 안에는 들어가지 아니하였으며

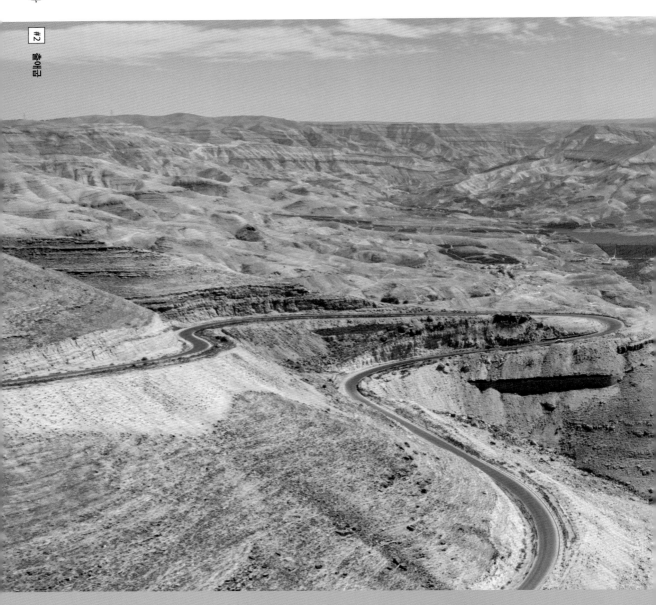

모압과 아모리의 경계
아르논강

WADI MUJIB = 급류(rushing stream)
ARNON

<민 21:13>
거기(세렛 골짜기)를 떠나 아모리인의 영토에서 흘러 나와서 광야에 이른
아르논강 건너편에 진을 쳤으니 아르논은 모압과 아모리 사이에서 모압의 경계가 된 곳이라

<전 3:11(새번역)>
하나님은 모든 것이 제때에 알맞게 일어나도록 만드셨다.
God has made everything beautiful in its time

Map labels (within image):
Mer Egée, Thèbes, Mycènes, GASGAS, Alaca Höyük, HAYASA, Mer Caspie, los AHHIYAWA ?, Ephèse, 히타이트 (헷 족속) Hattusha, HATTI, 미탄니, Milet, Kanesh, ISHUWA, ALSHE, MITANNI, Cnossos, Uluburun, Kummani, KIZZUWATNA, Tarse, Adanya, Karkemish, Harran, Nagar, Ninive, Arbèles, Alalakh, Ugarit, Arrapha, ALASHIYA, Alep, Emar, Kition, AMURRU, Terqa, Assur, Nuzi, 엘람, Mer Méditerranée 지중해, Byblos, Qadesh, 아모리 족속, Dur-Kurigalzu, ELA, Tyr, Kumidu, Sippar, Megiddo, 가나안, Babylone, Suse, 이집트, Gaza, CANAAN, Uruk, Nippur, Jérusalem, 고대 바빌론, Ur, Memphis, EGYPTE, BABYLONE, Ans, Golfe Persique, El Amarna, Thèbes, Mer Rouge, © Wikimedia Commons, DILMUN

Amorite
WHY THERE?

아모리족?
이스라엘을 위해 섭리하신
'하나님의 때(카이로스)'

<민 21:13>
거기를 떠나 아모리인의 영토에서 흘러 나와서 광야에 이른 아르논 강 건너편에 진을 쳤으니 아르논은 모압과 아모리 사이에서 모압의 경계가 된 곳이라

(The Arnon is the border of Moab, between Moab and the Amorites. - NIV)

<신 2:18-19>
18 네가 오늘 모압 변경 아르를 지나리니
19 암몬 족속에게 가까이 이르거든 그들을 괴롭히지 말고 그들과 다투지도 말라 암몬 족속의 땅은 내가 네게 기업으로 주지 아니하리니 이는 내가 그것을 롯 자손에게 기업으로 주었음이라

하나님은 이스라엘에 에돔, 모압 그리고 암몬을 괴롭히지도 싸우지도 말라고 하셨다. 그런데 이스라엘이 아르논 강에 도착했을 때 모압과 암몬이 있었던 자리에 가나안족 중 한 족속인 아모리족이 있었다. 만약 당시 아모리족이 암몬을 동쪽 변방으로 밀어내고, 일부 모압 영토를 차지해 모압과 아르논강을 국경으로 마주하고 있지 않았다면, 이스라엘이 가나안으로 들어가는 길은...

아모리족?

메소포타미아에서 아모리족이 세운 왕국 중 가장 대표적인 왕국이 바로 바벨론을 중심지로 한 고대 바벨론(바빌로니아, First Babylonian Dynasty)으로, 아모리 인물 중 함무라비 대왕(BC 1810-1750경)이 유명하다.
한편, 레반트 지역에는 주전 14-12세기 동안 지금의 레바논 지역을 지배하였던 아무루 왕국(Amurru kingdom)이 있었다.
아무루 왕국은 주전 1,200년경 청동기 시대(BC 1206-1150경)에 *해양 민족에 의해 멸망하였다. / 위키피디아

* 해양 민족: 이것은 또, 크레테에서 온 크레테 사람이, 가사 지역에 살던 아위 사람을 쳐부수고, 그들의 뒤를 이어서 그곳에서 산 것과 마찬가지이다. / 신2:23 (새번역)

요단강 건너편 파노라마

#2 출애굽

<민 21:16-26>

16 거기서 브엘에 이르니 브엘은 여호와께서 모세에게 명령하시기를 백성을 모으라 내가 그들에게 물을 주리라 하시던 우물이라

17 그때에 이스라엘이 노래하여 이르되 우물물아 솟아나라 너희는 그것을 노래하라

18 이 우물은 지휘관들이 팠고 백성의 귀인들이 규와 지팡이로 판 것이로다 하였더라 그들은 광야에서 맛다나에 이르렀고

19 맛다나에서 나할리엘에 이르렀고 나할리엘에서 바못에 이르렀고

20 바못에서 모압 들에 있는 골짜기에 이르러 광야가 내려다 보이는 비스가 산 꼭대기에 이르렀더라

21 이스라엘이 아모리 왕 시혼에게 사신을 보내어 이르되

22 우리에게 당신의 땅을 지나가게 하소서 우리가 밭에든지 포도원에든지 들어가지 아니하며 우물물도 마시지 아니하고 당신의 지경에서 다 나가기까지 왕의 큰길로만 지나가리이다 하나

23 시혼이 이스라엘이 자기 영토로 지나감을 용납하지 아니하고 그의 백성을 다 모아 이스라엘을 치러 광야로 나와서 야하스에 이르러 이스라엘을 치므로

24 이스라엘이 칼날로 그들을 쳐서 무찌르고 그 땅을 아르논에서부터 얍복까지 점령하여 암몬 자손에게까지 미치니 암몬 자손의 경계는 견고하더라

25 이스라엘이 이같이 그 모든 성읍을 빼앗고 그 아모리인의 모든 성읍 헤스본과 그 모든 촌락에 거주하였으니

26 헤스본은 아모리인의 왕 시혼의 도성이라 시혼이 그 전 모압 왕을 치고 그의 모든 땅을 아르논까지 그의 손에서 빼앗았더라

Set out! Cross! Fight and Take Over! 일어나! 건너라! 싸워 차지하라!

<신 2:24-37>

24 너희는 일어나 행진하여 아르논 골짜기를 건너라 내가 헤스본 왕 아모리 사람 시혼과 그의 땅을 네 손에 넘겼은즉 이제 더불어 싸워서 그 땅을 차지하라

25 오늘부터 내가 천하 만민이 너를 무서워하며 너를 두려워하게 하리니 그들이 네 명성을 듣고 떨며 너로 말미암아 근심하리라 하셨느니라

26 내가 그데못 광야에서 헤스본 왕 시혼에게 사자를 보내어 평화의 말로 이르기를 27 나를 네 땅으로 통과하게 하라 내가 큰길로만 행하고 좌로나 우로나 치우치지 아니하리라 28 너는 돈을 받고 양식을 팔아 내가 먹게 하고 돈을 받고 물을 주어 내가 마시게 하라 나는 걸어서 지날 뿐인즉 29 세일에 거주하는 에서 자손과 아르에 거주하는 모압 사람이 내게 행한 것 같이 하라 그리하면 내가 요단을 건너서 우리 하나님 여호와께서 우리에게 주시는 땅에 이르리라 하였으나 30 헤스본 왕 시혼이 우리가 통과하기를 허락하지 아니하였으니 이는 네 하나님 여호와께서 그를 네 손에 넘기시려고 그의 성품을 완강하게 하셨고 그의 마음을 완고하게 하셨음이 오늘날과 같으니라

31 그때에 여호와께서 내게 이르시되 내가 이제 시혼과 그의 땅을 네게 넘기노니 너는 이제부터 그의 땅을 차지하여 기업으로 삼으라 하시더니 32 시혼이 그의 모든 백성을 거느리고 나와서 우리를 대적하여 야하스에서 싸울 때에 33 우리 하나님 여호와께서 그를 우리에게 넘기시매 우리가 그와 그의 아들들과 그의 모든 백성을 쳤고

34 그때에 우리가 그의 모든 성읍을 점령하고 그의 각 성읍을 그 남녀와 유아와 함께 하나도 남기지 아니하고 진멸하였고 35 다만 그 가축과 성읍에서 탈취한 것은 우리의 소유로 삼았으며 36 우리 하나님 여호와께서 그 모든 땅을 우리에게 넘겨주심으로 아르논 골짜기 가장자리에 있는 아로엘과 골짜기 가운데에 있는 성읍으로부터 길르앗까지 우리가 모든 높은 성읍을 점령하지 못한 것이 하나도 없었으나 37 오직 암몬 족속의 땅 얍복강 가와 산지에 있는 성읍들과 우리 하나님 여호와께서 우리가 가기를 금하신 모든 곳은 네가 가까이 하지 못하였느니라

내가 이제 시혼과 그의 땅을
네게 넘기노니
너는 이제부터
그의 땅을 차지하여
기업으로 삼으라!

아모리 시혼의 도성
Tell Hisban
on the King's highway 헤스본

바산 왕
옥

<민 21:33-35>
33 그들이 돌이켜 바산 길로 올라가매 바산 왕 옥이 그의 백성을 다 거느리고 나와서 그들을 맞아 에드레이에서 싸우려 하는지라

34 여호와께서 모세에게 이르시되 그를 두려워하지 말라 내가 그와 그의 백성과 그의 땅을 네 손에 넘겼나니 너는 헤스본에 거주하던 아모리인의 왕 시혼에게 행한 것 같이 그에게도 행할지니라

35 이에 그와 그의 아들들과 그의 백성을 다 쳐서 한 사람도 남기지 아니하고 그의 땅을 점령하였더라

<신 3:1-11>
1 우리가 돌이켜 바산으로 올라가매 바산 왕 옥이 그의 모든 백성을 거느리고 나와서 우리를 대적하여 에드레이에서 싸우고자 하는지라 2 여호와께서 내게 이르시되 그를 두려워하지 말라 내가 그와 그의 모든 백성과 그의 땅을 네 손에 넘겼으니 네가 헤스본에 거주하던 아모리 족속의 왕 시혼에게 행한 것과 같이 그에게도 행할 것이니라 하시고 **3 우리 하나님 여호와께서 바산 왕 옥과 그의 모든 백성을 우리 손에 넘기시매 우리가 그들을 쳐서 한 사람도 남기지 아니하였느니라**

4 그때에 우리가 그들에게서 빼앗지 아니한 성읍이 하나도 없이 다 빼앗았는데 그 성읍이 육십이니 곧 아르곱 온 지방이요 바산에 있는 옥의 나라이니라 5 그 모든 성읍이 높은 성벽으로 둘려 있고 문과 빗장이 있어 견고하며 그 외에 성벽 없는 고을이 심히 많았느니라

6 우리가 헤스본 왕 시혼에게 행한 것과 같이 그 성읍들을 멸망시키되 각 성읍의 남녀와 유아를 멸망시켰으나
7 다만 모든 가축과 그 성읍들에서 탈취한 것은 우리의 소유로 삼았으며
8 그때에 우리가 요단강 이쪽 땅을 아르논 골짜기에서부터 헤르몬 산에까지 아모리 족속의 두 왕에게서 빼앗았으니 9 (헤르몬산을 시돈 사람은 시룐이라 부르고 아모리 족속은 스닐이라 불렀느니라)

10 우리가 빼앗은 것은 평원의 모든 성읍과 길르앗 온 땅과 바산의 온 땅 곧 옥의 나라 바산의 성읍 살르가와 에드레이까지이니라 11 (르바임 족속의 남은 자는 바산 왕 옥뿐이었으며 그의 침상은 철 침상이라 아직도 암몬 족속의 랍바에 있지 아니하냐 그것을 사람의 보통 규빗으로 재면 그 길이가 아홉 규빗이요 너비가 네 규빗이니라)

에브라임 수풀 길르앗, 화려한 뿔과 멋진 머리털

요단강 동쪽 길르앗 지대는 상수리나무가 울창한 곳이다. 20여 종류의 상수리나무가 우거져 있는데, '와디 미나'에는 압살롬이 전사하게 된 나뭇가지와 동굴이 있다. 압살롬의 죽음과 나뭇가지와는 무슨 관계가 있는 것일까?

이솝 우화 중에 '샘물 가의 사슴과 사자'라는 이야기가 있다. 물가에서 물을 마시던 사슴이 물에 비친 자기 모습을 본다. 크고 다채롭게 뻗어 있는 화려한 뿔이 너무나 마음에 들지만, 아주 가늘고 허약해 보이는 다리로 인해 화가 난다. 그런데 이때 갑자기 사자가 나타난다. 사슴이 죽어라 뛴 덕분에 사자를 어느 정도 따돌리게 된다. 그런데 숲길로 들어섰을 때, 그만 뿔이 나무에 걸려 사자에게 꼼짝없이 잡히고 만다. 사슴은 탄식한다. "미덥지 못한 다리가 나를 살렸건만, 이 멋진 뿔 때문에 내가 죽게 될 줄이야."

압살롬의 경우를 보자. 후새의 계략에 따라 다윗을 뒤쫓던 압살롬이 숲속에서 노새를 타고 가다가 큰 상수리나무 가지에 그만 머리털이 걸린다. 노새가 그 아래로 쑥 빠져 나가자 순식간에 압살롬은 공중에 둥둥 떠 매달리게 된다. 압살롬이 나뭇가지에 걸렸다는 보고를 받는 요압 장군이 다윗의 당부(압살롬을 해하지 말라는 지시)에도 불구하고 달려와 압살롬을 창으로 찔러 죽인다. 길고 멋진 압살롬의 머리털은 한때 백성의 마음을 사로잡았고 흠모의 대상이었다. 그러나 자랑이던 그 머리털로 인하여 압살롬은 비극적인 죽음을 맞이하게 된다. 이름으로 보면, 말에 깔려서 '압사할 놈'인 줄 알았는데, 전혀 다른 방식 즉 둥둥 떠 죽은 것이다.

우리가 장점으로 생각하는 것들이 때로는 단점으로 작용할 때가 있다. 그러나 걱정하지 않아도 된다. 우리의 뛰어난 장점이 하나님 앞에 올바르게만 사용된다면 그것은 언제나 커다란 유익으로 남게 될 것이기 때문이다.

엘리야의 고향, 길르앗 디셉. 무성한 상수리나무

압살롬의 죽음(Muerte de absalon)

〈삼하 18:9-15〉

9. 압살롬이 다윗의 부하들과 마주치니라 압살롬이 노새를 탔는데 그 노새가
큰 상수리나무 번성한 가지 아래로 지날 때에 압살롬의 머리가 그 상수리나무에
걸리매 그가 공중과 그 땅 사이에 달리고 그가 탔던 노새는 그 아래로
빠져나간지라 (...) 14. 요압이 이르되 나는 너와 같이 지체할 수 없다 하고 손에
작은 창 셋을 가지고 가서 상수리나무 가운데서 아직 살아 있는 압살롬의 심장을
찌르니 15. 요압의 무기를 든 청년 열 명이 압살롬을 에워싸고 쳐죽이니라

1 요단강 건너편 파노라마

Panorama of
Beyond Jordan

Panorama of the Plains of Moab

#3
모압 평지

<민 22:1>
이스라엘 자손이 또 길을 떠나 모압 평지에 진을 쳤으니,
요단 건너편 곧 여리고 맞은편이더라

Now Balak son of Zippor
saw all that Israel had done
to the Amorites, and Moab
was terrified because there
were so many people. Indeed,
Moab was filled with dread
because of the Israelites.

<신18:14>
**네가 쫓아낼 이 민족들은 길흉을 말하는 자나 점쟁이의 말을 듣거니와
네게는 네 하나님 여호와께서 이런 일을 용납하지 아니하시느니라**

<신 18:9-15>

9 네 하나님 여호와께서 네게 주시는 땅에 들어가거든 너는 그 민족들의 가증한 행위를 본받지 말 것이니

10 그의 아들이나 딸을 불 가운데로 지나게 하는 자나 점쟁이나 길흉을 말하는 자나 요술하는 자나 무당이나

11 진언자나 신접자나 박수나 초혼자를 너희 가운데에 용납하지 말라

12 이런 일을 행하는 모든 자를 여호와께서 가증히 여기시나니 이런 가증한 일로 말미암아 네 하나님 여호와께서 그들을 네 앞에서 쫓아내시느니라

13 너는 네 하나님 여호와 앞에서 완전하라

14 네가 쫓아낼 이 민족들은 길흉을 말하는 자나 점쟁이의 말을 듣거니와 네게는 네 하나님 여호와께서 이런 일을 용납하지 아니하시느니라

15 네 하나님 여호와께서 너희 가운데 네 형제 중에서 너를 위하여 나와 같은 선지자 하나를 일으키시리니 너희는 그의 말을 들을지니라

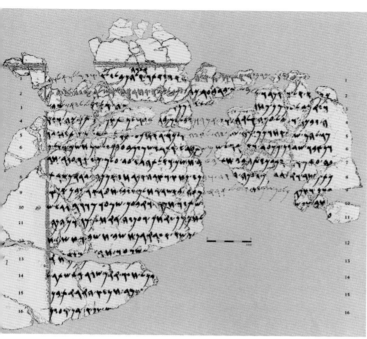

와서 저주하라!
발람 & 발락
come, put a curse!
發惡

데이르 알라 문서(Deir 'Alla Inscription / 1967 / jordan)
©Wikimedia Commons

발람의 고향 '브돌', 요르단?

1976년 요르단 텔 데이르 알라에서 발굴된 일명 [데이르 알라 문서]에, '브올의 아들 발람(Bal'am Son of Be'or)' 이라고 쓰인 문서 기록이 발견되었다. 이를 근거로 발람의 고향(또는 거주지) - 브돌의 위치가 전통적으로 알려진 메소포타미아 상류 지역이 아니라 '요르단강과 얍복강이 합류하는 한 지점 - 옛 성경 지명 아담(Adam) 근처' 라고 보는 새로운 학설이 등장했다. 현재 이 문서는 요르단 고고학 박물관에 보관되어 있다.

<민 22:1-6>

1 이스라엘 자손이 또 길을 떠나 모압 평지에 진을 쳤으니 요단 건너편 곧 여리고 맞은편이더라

2 십볼의 아들 발락이 이스라엘이 아모리인에게 행한 모든 일을 보았으므로

3 모압이 심히 두려워하였으니 이스라엘 백성이 많음으로 말미암아 모압이 이스라엘 자손 때문에 번민하더라

4 미디안 장로들에게 이르되 이제 이 무리가 소가 밭의 풀을 뜯어먹음 같이 우리 사방에 있는 것을 다 뜯어먹으리로다 하니 그때에 십볼의 아들 발락이 모압 왕이었더라

5 그가 사신을 브올의 아들 발람의 고향인 강 가 브돌에 보내어 발람을 부르게 하여 이르되 보라 한 민족이 애굽에서 나왔는데 그들이 지면에 덮여서 우리 맞은편에 거주하였고

6 우리보다 강하니 청하건대 와서 나를 위하여 이 백성을 저주하라 내가 혹 그들을 쳐서 이겨 이 땅에서 몰아내리라 그대가 복을 비는 자는 복을 받고 저주하는 자는 저주를 받을 줄을 내가 앎이니라

* 브돌(Pethor) : 전통적으로 메소포타미아, 유프라테스강 상류(현 시리아 - 옛 아람 영토)의 한 지역으로 본다.
 - 관련 성경 구절 : 발람이 예언을 전하여 말하되 발락이 나를 아람에서(Balak brought me from Aram) / 민23:7

美生의
쉬어 가는 페이지
이강만 작가

나귀가 입을 열다. "발람, 그만 멈춰!"

대중 앞에 섰을 때, 자신이 심중에 생각한 말과는 전혀 다른 얘기가 튀어 나오는 경험이 있을 것이다. 성경에서 나오는 발락과 발람의 이야기가 그중 한 사례다.

모세가 이끄는 이스라엘 백성이 모압 평지에 진을 치고 있을 때, 이를 두려워한 모압 왕 발락은 이스라엘과의 화평의 길을 택하기보다는 유명한 점쟁이 브돌 사람 발람을 통하여 이스라엘을 저주하려는 최악의 방법을 취한다. 그러나 하나님의 제지를 받은 발람이 처음에는 이에 응하지 않았다. 그러나 발락은 집요했다. 더 좋은 조건을 제시하면서 고관들을 보내 발람을 모셔가려고 하자, 발람이 결국 슬그머니 길을 나선다. 이때 하나님의 사자가 길을 막아 서게 되고, 이를 본 나귀가 발람 밑에 엎드리고 만다. 이에 발람이 화를 내며 지팡이로 나귀를 때리는지라 그 나귀가 입을 연다. "왜 때려, 이 바보야! 눈을 크게 뜨고 사태를 제대로 봐."
나귀가 사람 말을 한다는 것은 믿기 어려운 일이다. 하지만 발람에게 경고를 주기 위해 특별히 나귀의 입을 통해 명령을 하신 이는 다름 아닌 하나님이시다. 하나님은 능치 못할 일이 없으시기 때문이다.
그 이후의 일은 어떻게 되었을까?

발락은 집요하게 발람에게 이스라엘 저주를 주문하지만, 하나님의 강권적인 역사하심으로 발람은 저주 대신에 오히려 이스라엘 백성을 네 번씩이나 연속해서 축복하게 된다. 하나님이 축복하는 자를 사람이 저주할 수도, 해서도 안 된다. 복수도 마찬가지다. 우리에게 범죄한 사람이 있을 경우, 우리가 나서서 그를 심판하거나 처벌하려고 해서는 안 된다. 우리의 원통함을 해결하는 방법도 하나님을 통해서라는 걸 잊지 않았으면 한다.

발람과 나귀(Balaam and the Ass) / Rembrandt

Balaam, go with them.

너는 그들과 함께 가지도 말고 〈민 22:12〉

일어나 함께 가라 〈민 22:20〉

그가 감으로 말미암아 하나님이 진노하시므로
〈민 22:22〉

But God was very angry when he went.

Q. 하나님은 발람에게 길을 허락하신 직후 왜 발람이 '감으로 말미암아' 노하였을까?

<잠 21:2>

여호와는 마음을 감찰하시느니라
The LORD weighs the heart

하나님은 발람에게 모압의 고관[NIV 성경에는 - 왕자들 (the princes)]들과 함께 가도록 허락하셨다. 단, 조건을 하나 붙이셨는데. 그것은 아주 간단명료했다.

"그러나 내가 네게 이르는 말만 준행할지니라.(민 22:20)"

그리고 아침에 '출발하는 것' 때문에 발람에게 갑자기 화를 내셨다. (그렇지만 그 화를 직접 발람에게 말씀하신 것은 아니다. 대신 천사를 보내셨다.) 이 부분은 문맥상 잘 이해되지 않는다. 하나님은 발람에게 직접 '함께 길을 가라'고 허락하시곤 정작 말씀을 따라 길을 나서는 발람에게 왜 화가 나셨을까?

성경은 '천사와 발람 그리고 말하는 나귀' 사건을 아주 자세하게 묘사하고 있다. 하나님께서 발람의 눈을 열어 주셨을 때 발람이 천사와 나누었던 대화를 잘 살펴보자. 발람은 천사에게 "당신이 이를 기뻐하지 아니하시면 나는 돌아가겠나이다." 하고 말했다. 그런데 천사는 그에 대해 대꾸하지 않았다. 다만, 같이 가되 "그 사람들과 함께 가라 내가 네게 이르는 말만 말할지니라." 하고 다시 한번 '동행 조건'을 못 박는다.

그렇다면 길을 나선 것이 문제가 아니라 길을 나서면서 먹었던 제물을 탐하는 불순한 마음? - 어쩌면 그것이 하나님께서 발람에게 화내신 이유가 아니었을까?

<민 22:31-35>

31 그 때에 여호와께서 발람의 눈을 밝히시매 여호와의 사자가 손에 칼을 빼들고 길에 선 것을 그가 보고 머리를 숙이고 엎드리니

32 여호와의 사자가 그에게 이르되 너는 어찌하여 네 나귀를 이같이 세 번 때렸느냐 보라 내 앞에서 네 길이 사악하므로 내가 너를 막으려고 나왔더니

33 나귀가 나를 보고 이같이 세 번을 돌이켜 내 앞에서 피하였느니라 나귀가 만일 돌이켜 나를 피하지 아니하였더면 내가 벌써 너를 죽이고 나귀는 살렸으리라

34 발람이 여호와의 사자에게 말하되 내가 범죄하였나이다 당신이 나를 막으려고 길에 서신 줄을 내가 알지 못하였나이다 당신이 이를 기뻐하지 아니하시면 나는 돌아가겠나이다

35 여호와의 사자가 발람에게 이르되 그 사람들과 함께 가라 내가 네게 이르는 말만 말할지니라 발람이 발락의 고관들과 함께 가니라

〈민 22:36〉
발락은 발람이 온다 함을 듣고 모압 변경의 끝 아르논 가에 있는 성읍까지 가서 그를 영접하고

<신 19:19>(새번역)
그 증인이 그 이웃에게 거짓 증언을 한 것이 판명되거든, 그 증인이 그 이웃을 해치려고 마음먹었던 대로 그 이웃에게 갚아 주어야 합니다. 그래서 당신들 가운데서 그런 악의 뿌리를 뽑아야 합니다.

발람이 선포한
첫 번째 예언

<민 23:8>하나님이 저주하지 않으신 자를 내가 어찌 저주하며 여호와께서 꾸짖지 않으신 자를 내가 어찌 꾸짖으랴
<민 23:10-11>10 야곱의 티끌을 누가 능히 세며 이스라엘 사분의 일을 누가 능히 셀고 나는 의인의 죽음을 죽기 원하며 나의 종말이 그와 같기를 바라노라 하매 11 발락이 발람에게 이르되 그대가 어찌 내게 이같이 행하느냐 나의 원수를 저주하라고 그대를 데려왔거늘 그대가 오히려 축복하였도다

발람이 선포한
두 번째 예언

<민 23:19-20>19 하나님은 사람이 아니시니 거짓말을 하지 않으시고 인생이 아니시니 후회가 없으시도다 어찌 그 말씀하신 바를 행하지 않으시며 하신 말씀을 실행하지 않으시랴 20 내가 축복할 것을 받았으니 그가 주신 복을 내가 돌이키지 않으리라
<민 23:22-25>22 하나님이 그들을 애굽에서 인도하여 내셨으니 그의 힘이 들소와 같도다 23 야곱을 해할 점술이 없고 이스라엘을 해할 복술이 없도다 이 때에 야곱과 이스라엘에 대하여 논할진대 하나님께서 행하신 일이 어찌 그리 크냐 하리로다 24 이 백성이 암사자 같이 일어나고 수사자 같이 일어나서 움킨 것을 먹으며 죽인 피를 마시기 전에는 눕지 아니하리로다 하매 25 발락이 발람에게 이르되 그들을 저주하지도 말고 축복하지도 말라

발람이 선포한
세 번째 예언

<민 24:1-9> 1 발람이 자기가 이스라엘을 축복하는 것을 여호와께서 선히 여기심을 보고 전과 같이 점술을 쓰지 아니하고 그의 낯을 광야로 향하여 2 눈을 들어 이스라엘이 그 지파대로 천막 친 것을 보는데 그 때에 하나님의 영이 그 위에 임하신지라 3 그가 예언을 전하여 말하되 브올의 아들 발람이 말하며 눈을 감았던 자가 말하며 4 하나님의 말씀을 듣는 자, 전능자의 환상을 보는 자, 엎드려서 눈을 뜬 자가 말하기를 5 야곱이여 네 장막들이, 이스라엘이여 네 거처들이 어찌 그리 아름다운고 6 그 벌어짐이 골짜기 같고 강 가의 동산 같으며 여호와께서 심으신 침향목들 같고 물 가의 백향목들 같도다 7 그 물통에서는 물이 넘치겠고 그 씨는 많은 물 가에 있으리로다 그의 왕이 아각보다 높으니 그의 나라가 흥왕하리로다 8 하나님이 그를 애굽에서 인도하여 내셨으니 그 힘이 들소와 같도다 그의 적국을 삼키고 그들의 뼈를 꺾으며 화살로 쏘아 꿰뚫으리로다 9 꿇어 앉고 누움이 수사자와 같고 암사자와도 같으니 일으킬 자 누구이랴 너를 축복하는 자마다 복을 받을 것이요 너를 저주하는 자마다 저주를 받을지로다

발람이 선포한
네 번째 예언

<민 24:17-19> 17 *한 별이 야곱에게서 나오며 한 규가 이스라엘에게서 일어나서 모압을 이쪽에서 저쪽까지 쳐서 무찌르고 또 셋의 자식들을 다 멸하리로다 18 그의 원수 에돔은 그들의 유산이 되며 그의 원수 세일도 그들의 유산이 되고 그와 동시에 이스라엘은 용감히 행동하리로다 19 주권자가 야곱에게서 나서 남은 자들을 그 성읍에서 멸절하리로다 하고

*A star will come out of Jacob

기도, 한희원 2019

바람 소리는 나를 쓸어 주는 기도 소리
가난한 영혼을 안아 주는

아브라함의 축복
(아직 '아브람'이었을 때 주신 약속)

<창 12:1-3>

1 여호와께서 아브람에게 이르시되 너는 너의 고향과 친척과 아버지의 집을 떠나 내가 네게 보여 줄 땅으로 가라
2 내가 너로 큰 민족을 이루고 네게 복을 주어 네 이름을 창대하게 하리니 너는 복이 될지라
3 너를 축복하는 자에게는 내가 복을 내리고 너를 저주하는 자에게는 내가 저주하리니 땅의 모든 족속이 너로 말미암아 복을 얻을 것이라 하신지라

가나안으로 떠나는 아브라함(The Departure of Abraham / József Molnár)

이스라엘

너를 축복하는 자에게는
내가 복을 내리고
너를 저주하는 자에게는
내가 저주하리니
땅의 모든 족속이
너로 말미암아
복을 얻을 것이라 하신지라

노아 - 함의 후손, 가나안에 대한 저주
가나안은 저주를 받아 그의 형제의 종들의 종이 되기를 원하노라 / 창 9:25

이삭 - 야곱(이스라엘)에 대한 축복
너를 저주하는 자는 저주를 받고 너를 축복하는 자는 복을 받기를 원하노라 / 창 27:29

모압 왕 발락은 발람에게 이스라엘을 저주하길 요청하면서 "[그대가] 복을 비는 자는 복을 받고 저주하는 자는 저주를 받을 줄을 내가 앎이니라"라고 했다. 발락은 복과 저주의 주권을 가지신 분이 [하나님]이란 사실을 전혀 깨닫지 못하고 있다.

바알브올
발람과 모압, 미디안의 음모

<민 25:1-15>

1 이스라엘이 싯딤에 머물러 있더니 그 백성이 모압 여자들과 음행하기를 시작하니라

2 그 여자들이 자기 신들에게 제사할 때에 이스라엘 백성을 청하매 백성이 먹고 그들의 신들에게 절하므로

3 이스라엘이 바알브올에게 가담한지라 여호와께서 이스라엘에게 진노하시니라

4 여호와께서 모세에게 이르시되 백성의 수령들을 잡아 태양을 향하여 여호와 앞에 목매어 달라 그리하면 여호와의 진노가 이스라엘에게서 떠나리라

5 모세가 이스라엘 재판관들에게 이르되 너희는 각각 바알브올에게 가담한 사람들을 죽이라 하니라

6 이스라엘 자손의 온 회중이 회막 문에서 울 때에 이스라엘 자손 한 사람이 모세와 온 회중의 눈앞에 미디안의 한 여인을 데리고 그의 형제에게로 온지라

7 제사장 아론의 손자 엘르아살의 아들 비느하스가 보고 회중 가운데에서 일어나 손에 창을 들고

8 그 이스라엘 남자를 따라 그의 막사에 들어가 이스라엘 남자와 그 여인의 배를 꿰뚫어서 두 사람을 죽이니 염병이 이스라엘 자손에게서 그쳤더라

9 그 염병으로 죽은 자가 이만 사천 명이었더라

10 여호와께서 모세에게 말씀하여 이르시되

11 제사장 아론의 손자 엘르아살의 아들 비느하스가 내 질투심으로 질투하여 이스라엘 자손 중에서 내 노를 돌이켜서 내 질투심으로 그들을 소멸하지 않게 하였도다

12 그러므로 말하라 내가 그에게 내 평화의 언약을 주리니

13 그와 그의 후손에게 영원한 제사장 직분의 언약이라 그가 그의 하나님을 위하여 질투하여 이스라엘 자손을 속죄하였음이니라

14 죽임을 당한 이스라엘 남자 곧 미디안 여인과 함께 죽임을 당한 자의 이름은 시므리니 살루의 아들이요 시므온인의 조상의 가문 중 한 지도자이며

15 죽임을 당한 미디안 여인의 이름은 고스비이니 수르의 딸이라 수르는 미디안 백성의 한 조상의 가문의 수령이었더라

바알브올과 결합하고 있는 이스라엘(Idolatry with Baal-peor) Philip De Vere, CC BY-SA 3.0, via Wikimedia Commons

하나님께서 영원한 제사장 직분의 언약을 세운

비느하스

이스라엘 시므온 가문의 시므리와 미디안 고스비를 죽이고 있는 비느하스 / Jeremias van Winghe

우가릿 폐허에서 발굴된 바알 석비(Baal with Thunderbolt)

바알(Baal) - 가나안의 주신(主神)
'주인', '소유주'란 뜻. 천둥 번개의 신. 바람과 비를 주관하는 신. 아세라(아스다롯)과 더불어 풍요를 관장하는 주신으로 숭배된 농업의 신

가나안의 가증한 우상 숭배에 대한 강력한 경고
-멸망

<출 22:20>

여호와 외에 다른 신에게 제사를 드리는 자는 멸할지니라

<출 34:11-16>

11 너는 내가 오늘 네게 명령하는 것을 삼가 지키라 보라 내가 네 앞에서 아모리 사람과 가나안 사람과 헷 사람과 브리스 사람과 히위 사람과 여부스 사람을 쫓아내리니

12 너는 스스로 삼가 네가 들어가는 땅의 주민과 언약을 세우지 말라 그것이 너희에게 올무가 될까 하노라

13 너희는 도리어 그들의 제단들을 헐고 그들의 주상을 깨뜨리고 그들의 아세라 상을 찍을지어다

14 너는 다른 신에게 절하지 말라 여호와는 질투라 이름하는 질투의 하나님임이니라

15 너는 삼가 그 땅의 주민과 언약을 세우지 말지니 이는 그들이 모든 신을 음란하게 섬기며 그들의 신들에게 제물을 드리고 너를 청하면 네가 그 제물을 먹을까 함이며

16 또 네가 그들의 딸들을 네 아들들의 아내로 삼음으로 그들의 딸들이 그들의 신들을 음란하게 섬기며 네 아들에게 그들의 신들을 음란하게 섬기게 할까 함이니라

#바알과 함께 가나안의 주신
#풍요와 다산의 신
#곡물과 인간의 생산을 주관하는 신
#음란의 상징(신전 앞 신전 무희들과의 집단 성행위를 통해 농업에 가장 중요한 비를 기원하는 제의)
*아세라 : 우가릿 70신 들의 모신(母神)

아세라 Asherah &
아스다롯 Ashtoreth

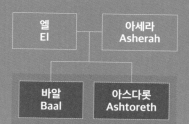

모압의 신 '그모스'

Mesha Stele in honor of Chemosh

모압 왕 메사 석비(비문 / B.C 840) 일부 ;
"나는 디본인, 모압의 왕(the King of Moab)…메사(Mesha)이다. 나의 아버지는 30년 동안 모압의 왕이었다. 나는 나의 아버지의 뒤를 이어 왕이 되었다. 그리고 나는 그모스를 위하여 산당을 만들었다… 왜냐하면 그는 모든 왕들로부터 나를 구원해주었고, 모든 원수들을 제압하게 해주었기 때문이다.
오므리(Omri)는 이스라엘의 왕이었다. 그는 수년 동안 모압을 압제하였는데…그러나 나는 그와 그의 집(왕조)을 제압했고, 이스라엘은 폐허가 되었다. 오므리는 메데바(Medeba)의 전 지역을 소유하고 있었다. 그 지역에서 오므리는 그의 통치기 전체를 살았고, 그의 아들은 그의 시대 절반 동안 살았다. 모두 40년이었다. 그러나 그모스가 나의 시대에 이 지역을 회복시켜 주었다." / 위키피디아

메사 석비(Stèle de Mésha) / 주전 840년경 / 루브르 박물관 소장
©Louvre Museum, CC BY 3.0, via Wikimedia Commons

<왕하 3:26-27>

26 모압 왕이 전세가 극렬하여 당하기 어려움을 보고 칼찬 군사 칠백 명을 거느리고 돌파하여 지나서 에돔 왕에게로 가고자 하되 가지 못하고

27 이에 자기 왕위를 이어 왕이 될 맏아들을 데려와 성 위에서 번제를 드린지라 이스라엘에게 크게 격노함이 임하매 그들이 떠나 각기 고국으로 돌아갔더라

모압 - 그모스의 백성(The people of Chemos) <렘 48:46>

The gods of Canaan

[인신공양]을 [금지]하신 하나님

너는 결단코 자녀를 몰렉에게 주어 불로 통과하게 함으로
네 하나님의 이름을 욕되게 하지 말라 나는 여호와이니라 <레18:21>

[인신공양]이 [절정], 모압과 암몬의 가증한 신들

모압 – 그모스(Chemosh) / 암몬 – 몰렉(Molech) 또는 밀곰(Milcom)

2차 인구 조사와
미디안에 대한 심판

히브리인들에게 포로로 잡혀 가는 미디안 여인들(The Women of Midian Led Captive by the Hebrews) / James Tissot

이십 세 이상 전쟁에 나갈 만한 모든 자를 계수하라!

<민 25:16-18>

16 여호와께서 모세에게 말씀하여 이르시되

17 미디안인들을 대적하여 그들을 치라

18 이는 그들이 속임수로 너희를 대적하되 브올의 일과 미디안 지휘관의 딸 곧 브올의 일로 염병이 일어난 날에 죽임을 당한 그들의 자매 고스비의 사건으로 너희를 유혹하였음이니라

<민 26:1-2>

1 염병 후에 여호와께서 모세와 제사장 아론의 아들 엘르아살에게 말씀하여 이르시되

2 이스라엘 자손의 온 회중의 총수를 그들의 조상의 가문을 따라 조사하되 이스라엘 중에 이십 세 이상으로 능히 전쟁에 나갈 만한 모든 자를 계수하라 하시니

<민 31:7-10>

7 그들이 여호와께서 모세에게 명령하신 대로 미디안을 쳐서 남자를 다 죽였고

8 그 죽인 자 외에 미디안의 다섯 왕을 죽였으니 미디안의 왕들은 에위와 레겜과 수르와 후르와 레바이며 또 브올의 아들 발람을 칼로 죽였더라

9 이스라엘 자손이 미디안의 부녀들과 그들의 아이들을 사로잡고 그들의 가축과 양 떼와 재물을 다 탈취하고

10 그들이 거처하는 성읍들과 촌락을 다 불사르고

광야 40년, 인구 증감 -1,820

<민 1:46>

1차 인구 조사 : 60만 3천 5백 5십

: 광야 여정 행진 질서 유지 / 20세 이상, 군대 입대 가능자(전쟁)

<민 26:51>

2차 인구 조사 : 60만 1천 7백 3십

: 가나안 정복을 위한 군대 재조직, 요단강 동편 및 가나안 영토(기업) 분배

지파	1차 인구 조사	2차 인구 조사	증감
르우벤	46,500	43,700	-2,770
시므온	59,300	22,200	-37,100
갓	45,650	40,500	-5,150
유다	74,600	76,500	+1,900
잇사갈	54,400	64,300	+9,900
스불론	57,400	60,500	+3,100
에브라임	40,500	32,500	-8,000
므낫세	32,200	52,700	+20,500
베냐민	35,400	45,600	+10,200
단	62,700	64,400	+1,700
아셀	41,500	53,400	+11,900
납달리	53,400	45,400	-8,000
계	603,550	60,1730	-1,820

요단강 동쪽 정복지 분배
: 갓, 르우벤, 므낫세 지파 1/2

요단강 동편 땅을 요청하고 있는 르우벤 지파와 갓 지파(Reuben and Gad ask for land) / Houghton

<민 32:1-6>

1 르우벤 자손과 갓 자손은 심히 많은 가축 떼를 가졌더라 그들이 야셀 땅과 길르앗 땅을 본즉 그 곳은 목축할 만한 장소인지라

2 갓 자손과 르우벤 자손이 와서 모세와 제사장 엘르아살과 회중 지휘관들에게 말하여 이르되

3 아다롯과 디본과 야셀과 니므라와 헤스본과 엘르알레와 스밤과 느보와 브온

4 곧 여호와께서 이스라엘 회중 앞에서 쳐서 멸하신 땅은 목축할 만한 장소요 당신의 종들에게는 가축이 있나이다

5 또 이르되 우리가 만일 당신에게 은혜를 입었으면 이 땅을 당신의 종들에게 그들의 소유로 주시고 우리에게 요단강을 건너지 않게 하소서

6 모세가 갓 자손과 르우벤 자손에게 이르되 너희 형제들은 싸우러 가거늘 너희는 여기 앉아 있고자 하느냐

7 너희가 어찌하여 이스라엘 자손에게 낙심하게 하여서 여호와께서 그들에게 주신 땅으로 건너갈 수 없게 하려 하느냐

8 너희 조상들도 내가 가데스바네아에서 그 땅을 보라고 보냈을 때에 그리 하였었나니

9 그들이 에스골 골짜기에 올라가서 그 땅을 보고 이스라엘 자손을 낙심하게 하여서 여호와께서 그들에게 주신 땅으로 갈 수 없게 하였었느니라

<민32:16-19, 31-33>

16 그들이 모세에게 가까이 나아와 이르되 우리가 이 곳에 우리 가축을 위하여 우리를 짓고 우리 어린아이들을 위하여 성읍을 건축하고

17 이 땅의 원주민이 있으므로 우리 어린아이들을 그 견고한 성읍에 거주하게 한 후에 우리는 무장하고 이스라엘 자손을 그곳으로 인도하기까지 그들의 앞에서 가고

18 이스라엘 자손이 각기 기업을 받기까지 우리 집으로 돌아오지 아니하겠사오며

19 우리는 요단 이쪽 곧 동쪽에서 기업을 받았사오니 그들과 함께 요단 저쪽에서는 기업을 받지 아니하겠나이다

31 갓 자손과 르우벤 자손이 대답하여 이르되 여호와께서 당신의 종들에게 명령하신 대로 우리가 행할 것이라

32 우리가 무장하고 여호와 앞에서 가나안 땅에 건너가서 요단 이쪽을 우리가 소유할 기업이 되게 하리이다

33 모세가 갓 자손과 르우벤 자손과 요셉의 아들 므낫세 반 지파에게 아모리인의 왕 시혼의 나라와 바산 왕 옥의 나라를 주되 곧 그 땅과 그 경내의 성읍들과 그 성읍들의 사방 땅을 그들에게 주매

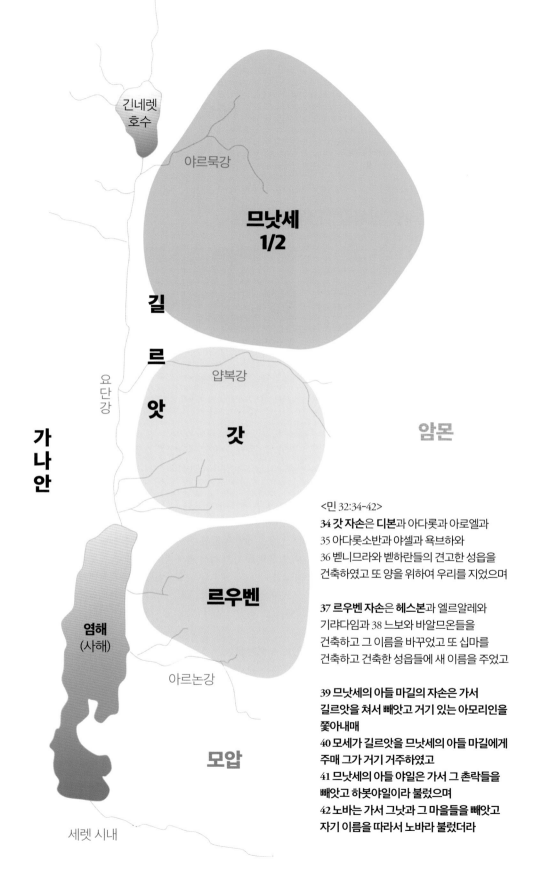

긴네렛
호수

야르묵강

므낫세
1/2

길
르
앗

요단강

얍복강

갓

암몬

가
나
안

염해
(사해)

르우벤

아르논강

모압

세렛 시내

<민 32:34-42>
34 **갓 자손**은 **디본**과 아다롯과 아로엘과
35 아다롯소반과 야셀과 욕브하와
36 벧니므라와 벧하란들의 견고한 성읍을
건축하였고 또 양을 위하여 우리를 지었으며

37 **르우벤 자손**은 **헤스본**과 엘르알레와
기랴다임과 38 느보와 바알므온들을
건축하고 그 이름을 바꾸었고 또 십마를
건축하고 건축한 성읍들에 새 이름을 주었고

39 **므낫세의 아들 마길**의 자손은 가서
길르앗을 쳐서 빼앗고 거기 있는 아모리인을
쫓아내매
40 모세가 길르앗을 므낫세의 아들 마길에게
주매 그가 거기 거주하였고
41 므낫세의 아들 야일은 가서 그 촌락들을
빼앗고 하봇야일이라 불렀으며
42 노바는 가서 그낫과 그 마을들을 빼앗고
자기 이름을 따라서 노바라 불렀더라

美生의
쉬어 가는 페이지
이강만 작가

브니엘(얍복강 가)와 마하나임

브니엘은 얍복강 가로 야곱이 하나님의 사자와 씨름하여 이긴 곳이다. 거기서 하나님을 보았고 그곳 이름을 브니엘(하나님의 얼굴)이라 명하였다. 다윗이 아들 압살롬의 반역 때 울며 피난하여 근거지로 삼았던 곳이기도 하다. 요단강 동편의 산악지대로 길르앗 북부 지

얍복강을 건너고 있는 목동과 양떼들

역에 해당한다. 하나님께서 택하신 민족인 이스라엘에 대해서 우리는 얼마나 많이 알고 있을까? 당장 이스라엘이 무슨 뜻이냐고 물었을 때, 즉시 대답할 수 있는 사람은 몇이나 될까? 이스라엘은 야곱이 하나님의 사자와 겨루어 이긴 후에 천사가 붙여준 이름이다. 그 뜻은 '하나님과 및 사람들과 겨루어 이겼음'이다.

에서를 만나기 전에 야곱은 마하나임에서 하루를 묵는다. 당시 야곱은 최악의 상황에 빠졌다. 형 에서가 4백 명을 이끌고 자신을 만나러 오기 때문이다. 그의 형 에서는 누군가? 본인이 장자권을 가볍게 여긴 잘못은 생각지 않고, 동생 야곱이 자신의 궁핍한 상황을 이용하여 팥죽 한 그릇에 장자의 명분을 사기 쳐서 넘겨 받아간 것이라는 확증 편향을 가진 사람이다. 그래서 야곱에 대한 분노와 복수심이 그의 심중에 늘 도사리고 있었고, 이를 안 야곱은 에서를 피해 다녔지만 이제는 피할 도리가 없다. 야곱은 어떻게 해야 자기의 식솔과 재산을 건사할지를 두고 전날 밤잠을 설치며 고민하면서 묘책을 짜내고 있던 참이다. 겨우 하나의 해결책을 찾아낸 후 혼자 숨을 돌리고 있는데 누군가 그 앞에 나타났다. 하나님의 사자다. 길조로 보이진 않는다. 그런데 야곱은 위기의 상황을 기회로 삼는 담대함을 가진 사람이다. 하나님의 사자임을 알게 된 야곱은 위기를 타개해 주실 분은 하나님이라는 것을 깨닫고 여기에 올인한다. 밤새도록 얍복강 가에서 하나님의 사자와 씨름을 하면서 자신을 축복하지 않으면 놓아주지 않겠다고 한 것이다. 결국 하나님의 사자도 야곱의 집요함과 끈기에 두 손을 들고 만다.

"네 이름은 더 이상 야곱이 아니라 이스라엘이다.

새 이름의 뜻은 '하나님과 겨루어 이김'이다"

혼자 고민할 것이 아니라 하나님께 끝까지 매달릴 때, 난제도 풀리지 않을까?

야곱과 에서의 화해(The Reunion of Jacob and Esau) / Francesco Hayez

노을을 향해 걷다, 한희원 2023

들녘에 서서 해 지는 서편 하늘을 바라보라
저물어 가는 모습이 이리 아름다울 수 있는가
해 지는 서편 하늘은
찾아오는 어둠을 탓하지 않는다

<신 6:1-9>
1 이는 곧 너희의 하나님 여호와께서 너희에게 가르치라고 명하신 명령과 규례와 법도라 너희가 건너가서 차지할 땅에서 행할 것이니 2 곧 너와 네 아들과 네 손자들이 평생에 네 하나님 여호와를 경외하며 내가 너희에게 명한 그 모든 규례와 명령을 지키게 하기 위한 것이며 또 네 날을 장구하게 하기 위한 것이라 3 이스라엘아 듣고 삼가 그것을 행하라 그리하면 네가 복을 받고 네 조상들의 하나님 여호와께서 네게 허락하심 같이 젖과 꿀이 흐르는 땅에서 네가 크게 번성하리라
4 이스라엘아 들으라 우리 하나님 여호와는 오직 유일한 여호와이시니 5 너는 마음을 다하고 뜻을 다하고 힘을 다하여 네 하나님 여호와를 사랑하라 6 오늘 내가 네게 명하는 이 말씀을 너는 마음에 새기고 7 네 자녀에게 부지런히 가르치며 집에 앉았을 때에든지 길을 갈 때에든지 누워 있을 때에든지 일어날 때에든지 이 말씀을 강론할 것이며 8 너는 또 그것을 네 손목에 매어 기호를 삼으며 네 미간에 붙여 표로 삼고 9 또 네 집 문설주와 바깥 문에 기록할지니라

* 신명기(申命記) : 거듭 신(申), 명령(목숨) 령(命), 기록 기(記). 창세기부터 민수기까지 하나님의 말씀(명령)을 되풀이
  하고 있는 말씀

몸에 걸친 옷이 해어진 일이 없었고 발이 부르튼 일도 없었던
광야 40년

<신명기 8장>

1 내가 오늘 명하는 모든 명령을 너희는 지켜 행하라 그리하면 너희가 살고 번성하고 여호와께서 너희의 조상들에게 맹세하신 땅에 들어가서 그것을 차지하리라 2 네 하나님 여호와께서 이 사십 년 동안에 네게 광야 길을 걷게 하신 것을 기억하라 이는 너를 낮추시며 너를 시험하사 네 마음이 어떠한지 그 명령을 지키는지 지키지 않는지 알려 하심이라 3 너를 낮추시며 너를 주리게 하시며 또 너도 알지 못하며 네 조상들도 알지 못하던 만나를 네게 먹이신 것은 사람이 떡으로만 사는 것이 아니요 여호와의 입에서 나오는 모든 말씀으로 사는 줄을 네가 알게 하려 하심이니라 4 이 사십 년 동안에 네 의복이 해어지지 아니하였고 네 발이 부르트지 아니하였느니라

5 너는 사람이 그 아들을 징계함 같이 네 하나님 여호와께서 너를 징계하시는 줄 마음에 생각하고

6 네 하나님 여호와의 명령을 지켜 그의 길을 따라가며 그를 경외할지니라 7 네 하나님 여호와께서 너를 아름다운 땅에 이르게 하시나니 그 곳은 골짜기든지 산지든지 시내와 분천과 샘이 흐르고 8 밀과 보리의 소산지요 포도와 무화과와 석류와 감람나무와 꿀의 소산지라 9 네가 먹을 것에 모자람이 없고 네게 아무 부족함이 없는 땅이며 그 땅의 돌은 철이요 산에서는 동을 캘 것이라 10 네가 먹어서 배부르고 네 하나님 여호와께서 옥토를 네게 주셨음으로 말미암아 그를 찬송하리라

11 내가 오늘 네게 명하는 여호와의 명령과 법도와 규례를 지키지 아니하고 네 하나님 여호와를 잊어버리지 않도록 삼갈지어다 12 네가 먹어서 배부르고 아름다운 집을 짓고 거주하게 되며 13 또 네 소와 양이 번성하며 네 은금이 증식되며 네 소유가 다 풍부하게 될 때에 14 네 마음이 교만하여 네 하나님 여호와를 잊어버릴까 염려하노라 여호와는 너를 애굽 땅 종 되었던 집에서 이끌어 내시고 15 너를 인도하여 그 광대하고 위험한 광야 곧 불뱀과 전갈이 있고 물이 없는 간조한 땅을 지나게 하셨으며 또 너를 위하여 단단한 반석에서 물을 내셨으며 16 네 조상들도 알지 못하던 만나를 광야에서 네게 먹이셨나니 이는 다 너를 낮추시며 너를 시험하사 마침내 네게 복을 주려 하심이었느니라 17 그러나 네가 마음에 이르기를 내 능력과 내 손의 힘으로 내가 이 재물을 얻었다 말할 것이라 18 네 하나님 여호와를 기억하라 그가 네게 재물 얻을 능력을 주셨음이라 이같이 하심은 네 조상들에게 맹세하신 언약을 오늘과 같이 이루려 하심이니라

19 네가 만일 네 하나님 여호와를 잊어버리고 다른 신들을 따라 그들을 섬기며 그들에게 절하면 내가 너희에게 증거하노니 너희가 반드시 멸망할 것이라

20 여호와께서 너희 앞에서 멸망시키신 민족들 같이 너희도 멸망하리니 이는 너희가 너희의 하나님 여호와의 소리를 청종하지 아니함이니라

Records
of the march
from Egypt to
Canaan

<민 33:1-4>

1 모세와 아론의 인도로 대오를 갖추어 애굽을 떠난 이스라엘 자손들의 노정은 이러하니라

2 모세가 여호와의 명령대로 그 노정을 따라 그들이 행진한 것을 기록하였으니 그들이 행진한 대로의 노정은 이러하니라

3 그들이 첫째 달 열다섯째 날에 라암셋을 떠났으니 곧 유월절 다음 날이라 이스라엘 자손이 애굽 모든 사람의 목전에서 큰 권능으로 나왔으니

4 애굽인은 여호와께서 그들 중에 치신 그 모든 장자를 장사하는 때라 여호와께서 그들의 신들에게도 벌을 주셨더라

<민 14:36-38>

36 모세의 보냄을 받고 땅을 정탐하고 돌아와서 그 땅을 악평하여 온 회중이 모세를 원망하게 한 사람

37 곧 그 땅에 대하여 악평한 자들은 여호와 앞에서 재앙으로 죽었고

38 그 땅을 정탐하러 갔던 사람들 중에서 오직 눈의 아들 여호수아와 여분네의 아들 갈렙은 생존하니라

1. 숙곳

2. 광야 끝 에담
    *구름 기둥과 불 기둥이 처음 나타난 곳

3. 믹돌
    *홍해를 가르신 사건(출 14 ~ 15장)
    *구름과 바닷속 세례(고전 10:2)

4. 마라
    *쓴물이 단물로 변한 곳

5. 엘림
    * 샘물 열둘과 종려 칠십 그루

6. 홍해 가

7. 신 광야
    *만나 내려 주심(엘림과 시내 산 사이) / 출애굽 16장(메추라기 등장 / 메추라기를 먹었는지 정확한 기록은 없음)

8. 돕가

9. 알루스

10. 르비딤
    *호렙 산 반석에서 물을 내심(므리바 또는 맛사) / 출애굽 17장
    *아말렉과의 전투(모세, 아론과 훌, 여호수아) / 출애굽 17장
    *장인 이드로와 모세 가족의 방문 등 / 출애굽 18장

11. ☆ 시내 광야 - 출애굽기 19, 20, 32장
    *십계명 받음, 금송아지 사건, 약 1년여 기간 동안 머묾
    *첫 번째 인구 조사 - 민수기 1장, 두 번째 유월절 축제 - 민수기 9장
    *나팔 신호, 시내 광야 떠남 - 민수기 10장

12. 기브롯 핫다아와
    *메추라기 사건 - 민수기 11장

13. 하세롯
    *미리암 나병 사건, 행군 7일 지체 - 민수기 12장

14. 릿마
    *12 정탐대 사건(바란 광야) - 민수기 13장
    *40년 광야 유리(죗값) 선고 > 광야에서 소멸 - 민수기 14장

15. 림몬베레스

16. 립나

17. 릿사

18. 그헬라다

19. 세벨 산

20. 하라다

21. 막헬롯

22. 다핫

23. 데라

24. 밋가

25. 하스모나

26. 모세롯

27. 브네야아간

28. 홀하깃갓

29. 욧바다

30. 아브로나

31. 에시온게벨

출

레

민

하나님의 인도하심을 받은 이스라엘의 광야 진영 ©J. J. Derghi, CC BY 4.0, via Wikimedia Commons

32.신 광야 가데스 – 민수기 20장 전반부
  *미리암 죽음(민 20:1),
  *므리바 물(모세 가나안 입성 불허 선언 - 민 20:12)
33.에돔 땅 변경의 호르산 – 민수기 20장 후반부
  *이집트 땅에서 나온 지 사십 년 되던 해 - 민 33:38
  *아론의 죽음(123세 - 민 33:39)
  *백성이 호르산에서 출발하여 홍해 길을 따라 에돔 땅을 우회하려
   하였다가 길로 말미암아 백성의 마음이 상하니라 / 민 21:4
34.살모나
35.부논 – 민21:4-9
  *불 뱀, 구리 뱀 사건 >> 장소 특정 없음, [호르산 - 오봇 사이] 추정
36.오봇
37.모압 국경지대의 이예아바림
  *가데스 바네아에서 떠나 세렛 시내를 건너기까지 삼십팔 년 동안이라
   이 때에는 그 시대의 모든 군인들이 여호와께서 그들에게 맹세하신
   대로 진영 중에서 다 멸망하였나니 / 신 2:14
  *거기를 떠나 아모리인의 영토에서 흘러 나와서 광야에 이른 아르논강
   건너편에 진을 쳤으니 아르논은 모압과 아모리 사이에서 모압의
   경계가 된 곳이라 / 민 21:13
38.디본 갓
39.알몬디블라다임
40.느보 앞 아바림 산
41.여리고 맞은편 요단강 가 모압 평지
  * 모세 죽음(120세 - 신명기 34장)
  * 후계자 여호수아가 이스라엘 영도 시작(신 31:1-8)

신

광야 40년 노정
하나님의 임재
인도, 동행,
보호, 훈육

총 41 회 / 민 33:1-49
- 이집트 라암셋에서 출발하여
  가나안 입성 전까지 진 친 곳(수)

≫ 가나안 입성 :
요단강 도하 ≫ 길갈
- 첫째 달 십일에 백성이 요단에서
  올라와 여리고 동쪽 경계 길갈에
  진 치매 / 수 4:19

〈요 3:14-15〉

모세가 광야에서 뱀을 든 것 같이 인자도 들려야 하리니

이는 그를 믿는 자마다 영생을 얻게 하려 하심이니라

주님께서는 얼굴과 얼굴을 마주 대고 모세와 말씀하셨다

<신 34:5-12>

5 이에 여호와의 종 모세가 여호와의 말씀대로 모압 땅에서 죽어

6 벳브올 맞은편 모압 땅에 있는 골짜기에 장사되었고 오늘까지 그의 묻힌 곳을 아는 자가 없느니라

7 모세가 죽을 때 나이 백이십 세였으나 그의 눈이 흐리지 아니하였고 기력이 쇠하지 아니하였더라

8 이스라엘 자손이 모압 평지에서 모세를 위하여 애곡하는 기간이 끝나도록 모세를 위하여 삼십 일을 애곡하니라

9 모세가 눈의 아들 여호수아에게 안수하였으므로 그에게 지혜의 영이 충만하니 이스라엘 자손이 여호와께서 모세에게 명령하신 대로 여호수아의 말을 순종하였더라

10 그 후에는 이스라엘에 모세와 같은 선지자가 일어나지 못하였나니 모세는 여호와께서 대면하여 아시던 자요

11 여호와께서 그를 애굽 땅에 보내사 바로와 그의 모든 신하와 그의 온 땅에 모든 이적과 기사와

12 모든 큰 권능과 위엄을 행하게 하시매 온 이스라엘의 목전에서 그것을 행한 자이더라

하나님과 대면했던
모세

MOSES SAW GOD
FACE-TO-FACE

모세 파노라마
The Life of Moses

모세의 젊은 시절(The Youth of Moses) / Sandro Botticelli

느보산에서 바라본 모압 평지와 약속의 땅 가나안
The Promised Land

<신 3:23-29>

23 그때에 내가 여호와께 간구하기를

24 주 여호와여 주께서 주의 크심과 주의 권능을 주의 종에게 나타내시기를 시작하셨사오니 천지 간에 어떤 신이 능히 주께서 행하신 일 곧 주의 큰 능력으로 행하신 일 같이 행할 수 있으리이까

25 구하옵나니 나를 건너가게 하사 요단 저쪽에 있는 아름다운 땅, 아름다운 산과 레바논을 보게 하옵소서 하되

26 여호와께서 너희 때문에 내게 진노하사 내 말을 듣지 아니하시고 내게 이르시기를 그만해도 족하니 이 일로 다시 내게 말하지 말라

27 너는 비스가산 꼭대기에 올라가서 눈을 들어 동서 남북을 바라고 네 눈으로 그 땅을 바라보라 너는 이 요단을 건너지 못할 것임이니라

28 너는 여호수아에게 명령하고 그를 담대하게 하며 그를 강하게 하라 그는 이 백성을 거느리고 건너가서 네가 볼 땅을 그들이 기업으로 얻게 하리라 하셨느니라

29 그때에 우리가 벳브올 맞은편 골짜기에 거주하였느니라

길르앗으로부터
네겝, 소알까지
from Gilead to the
Negev as far as Zoar

<신 34:1-5>

1 모세가 모압 평지에서 느보산에 올라가 여리고 맞은
   편 비스가 산꼭대기에 이르매 여호와께서 길르앗 온
   땅을 단까지 보이시고
2 또 온 납달리와 에브라임과 므낫세의 땅과 서해까지
   의 유다 온 땅과
3 네겝과 종려나무의 성읍 여리고 골짜기 평지를 소알
   까지 보이시고
4 여호와께서 그에게 이르시되 이는 내가 아브라함과
   이삭과 야곱에게 맹세하여 그의 후손에게 주리라 한
   땅이라 내가 네 눈으로 보게 하였거니와 너는 그리로
   건너가지 못하리라 하시매
5 이에 여호와의 종 모세가 여호와의 말씀대로 모압 땅
   에서 죽어

느보산 정상에 설치된 '약속의 땅' 이정표
요단강 건너 예루살렘까지 불과 46km
눈앞에 흐르는 요단강과 약속의 땅
단, 하룻길 앞에 멈춰선 모세

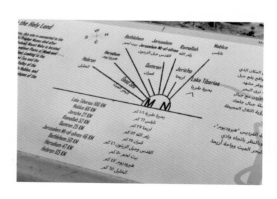

<신 34:6-8>
6 벳브올 맞은편 모압 땅에 있는 골짜기에 장사되었고 오늘까지 그의 묻힌 곳을 아는 자가 없느니라
7 모세가 죽을 때 나이 백이십 세였으나 그의 눈이 흐리지 아니하였고 기력이 쇠하지 아니하였더라
8 이스라엘 자손이 모압 평지에서 모세를 위하여 애곡하는 기간이 끝나도록 모세를 위하여 삼십 일을 애곡하니라

하나님께서 모세를 장사 지내셨더라
God buried him

<Deu. 34:5-7(NIV)>
5 And Moses the servant of the LORD died there in Moab, as the LORD had said.
6 He (the LORD) buried him in Moab, in the valley opposite Beth Peor, but to this day no one knows where his grave is.
7 Moses was a hundred and twenty years old when he died, yet his eyes were not weak nor his strength gone.

사람들이 깨닫지 못하는 가장 아름다운 마침표

<유 1:9-10>
9 천사장 미가엘이 모세의 시체에 관하여 마귀와 다투어 변론할 때에 감히 비방하는 판결을 내리지 못하고 다만 말하되 주께서 너를 꾸짖으시기를 원하노라 하였거늘
10 이 사람들은 무엇이든지 그 알지 못하는 것을 비방하는도다 또 그들은 이성 없는 짐승 같이 본능으로 아는 그것으로 멸망하느니라

Hezekiah causes the idols and the copper serpent to be destroyed

גחֻשׁתּן
Nehushtan
느후스단

불뱀에게 물렸을 때 새 생명을 주었던 기적의 – 놋뱀은 가나안 입성 후에도 무려 남 유다 히스기야 왕 때까지 무려 700년 이상 이스라엘 가운데 존속했다. 성경은 그 구리 뱀 '*느후스단'에게 이스라엘이 분향(우상 숭배)하였다고 기록하고 있다.
*히브리어로 놋(구리)으로 만들어진 것이란 뜻

느후스단을 파괴한 히스기야

<왕하 18:1-6>
1 이스라엘의 왕 엘라의 아들 호세아 제삼년에 유다 왕 아하스의 아들 히스기야가 왕이 되니
2 그가 왕이 될 때에 나이가 이십오 세라 예루살렘에서 이십구 년간 다스리니라 그의 어머니의 이름은 아비요 스가리야의 딸이더라
3 히스기야가 그의 조상 다윗의 모든 행위와 같이 여호와께서 보시기에 정직하게 행하여
4 그가 여러 산당들을 제거하며 주상을 깨뜨리며 아세라 목상을 찍으며 모세가 만들었던 놋뱀을 이스라엘 자손이 이때까지 향하여 분향하므로 그것을 부수고 느후스단이라 일컬었더라
5 히스기야가 이스라엘 하나님 여호와를 의지하였는데 그의 전후 유다 여러 왕 중에 그러한 자가 없었으니
6 곧 그가 여호와께 연합하여 그에게서 떠나지 아니하고 여호와께서 모세에게 명령하신 계명을 지켰더라

모세의 죽음에 관한 성경 외 기록(참고)

플라비우스 요세푸스(Flavius Josephus / AD 37년 출생)는 그의 저서 유대 고대사(Antiquities of the Jews IV 48)에서 모세의 죽음에 대해 다음과 같이 기록하고 있다.

모세가 엘리아살과 여호수아와 말씀을 나누며 그들을 껴안으려 했을 때, 급격한 구름이 하늘로부터 모세 위에 임했고, 모세는 어떤 협곡으로 사라졌다.

그러나 모세는 자기 죽음에 관해 성스러운 책(성경)에 자신이 죽었다고 기록했다. 그 이유는 사람들이 자신의 탁월한 미덕(또는 인품, 성품) 때문에 하나님께로 돌아갔다고 감히 말하지 못하도록 하기 위함이었다.
[c.f. 다른 사료에 - (원래 신이었던) 모세가 신성(神聖)을 회복했다고 말하지 못하게 하기 위함이었다.]

자료 출처 : 시카고 대학 온라인 기록물
(The University of Chicago)
Josephus: Antiquities of the Jews, Book IV By William Whiston, M.A. 1737. / 작가 직역

157

<막 9:2-5>

2 엿새 후에 예수께서 베드로와
  야고보와 요한을 데리시고 따로
  높은 산에 올라가셨더니 그들
  앞에서 변형되사

3 그 옷이 광채가 나며 세상에서
  빨래하는 자가 그렇게 희게 할 수
  없을 만큼 매우 희어졌더라

4 이에 엘리야가 모세와 함께
  그들에게 나타나 예수와 더불어
  말하거늘

5 베드로가 예수께 고하되 랍비여
  우리가 여기 있는 것이 좋사오니
  우리가 초막 셋을 짓되 하나는
  주를 위하여, 하나는 모세를
  위하여, 하나는 엘리야를 위하여
  하사이다 하니

예수님의 변형(Transfiguration of Christ), Giovanni Bellini

느보산 시야가 봉우리

하나님께서 모세에게 '약속의 땅'을 보여주신 장소로 추정하는 곳

비잔틴 시대에 세워진
모세 기념 교회

교회 내부 모자이크 바닥 - 성경 시대 이 지역에 서식했던 동식물과 생활 모습

40년 광야 학교
교훈
40 Years of Wilderness School Lessons

<신 8:1-6>

1 내가 오늘 명하는 모든 명령을 너희는 지켜 행하라 그리하면 너희가 살고 번성하고 여호와께서 너희의 조상들에게 맹세하신 땅에 들어가서 그것을 차지하리라

2 네 하나님 여호와께서 이 사십 년 동안에 네게 광야 길을 걷게 하신 것을 기억하라 이는 너를 낮추시며 너를 시험하사 네 마음이 어떠한지 그 명령을 지키는지 지키지 않는지 알려 하심이라

3 너를 낮추시며 너를 주리게 하시며 또 너도 알지 못하며 네 조상들도 알지 못하던 만나를 네게 먹이신 것은 사람이 떡으로만 사는 것이 아니요 여호와의 입에서 나오는 모든 말씀으로 사는 줄을 네가 알게 하려 하심이니라

4 이 사십 년 동안에 네 의복이 해어지지 아니하였고 네 발이 부르트지 아니하였느니라

5 너는 사람이 그 아들을 징계함 같이 네 하나님 여호와께서 너를 징계하시는 줄 마음에 생각하고

6 네 하나님 여호와의 명령을 지켜 그의 길을 따라가며 그를 경외할지니라

\<고전 10:1-12\>

1 형제들아 나는 너희가 알지 못하기를 원하지 아니하노니
  우리 조상들이 다 구름 아래에 있고 바다 가운데로 지나며

2 모세에게 속하여 다 구름과 바다에서 세례를 받고

3 다 같은 신령한 음식을 먹으며

4 다 같은 신령한 음료를 마셨으니 이는 그들을 따르는 신령한
  반석으로부터 마셨으매 그 반석은 곧 그리스도시라

5 그러나 그들의 다수를 하나님이 기뻐하지 아니하셨으므로
  그들이 광야에서 멸망을 받았느니라

6 이러한 일은 우리의 본보기가 되어 우리로 하여금 그들이
  악을 즐겨 한 것 같이 즐겨 하는 자가 되지 않게 하려 함이니

7 그들 가운데 어떤 사람들과 같이 너희는 우상 숭배하는 자가
  되지 말라 기록된 바 백성이 앉아서 먹고 마시며 일어나서
  뛰논다 함과 같으니라

8 그들 중의 어떤 사람들이 음행하다가 하루에 이만 삼천 명이
  죽었나니 우리는 그들과 같이 음행하지 말자

9 그들 가운데 어떤 사람들이 주를 시험하다가 뱀에게
  멸망하였나니 우리는 그들과 같이 시험하지 말자

10 그들 가운데 어떤 사람들이 원망하다가 멸망시키는 자에게
   멸망하였나니 너희는 그들과 같이 원망하지 말라

11 그들에게 일어난 이런 일은 본보기가 되고 또한 말세를 만난
   우리를 깨우치기 위하여 기록되었느니라

12 그런즉 선 줄로 생각하는 자는 넘어질까 조심하라

요단강 건너편 파노라마

모든 그리움을 버리고
유목의 강을 건너는
적멸의 시간

피안의 시간, 한희원 2023

<Isaiah 41:8-10>
But you, O Israel, my servant, Jacob, whom I have chosen, you descendants of Abraham my friend,
I took you from the ends of the earth, from its farthest corners I called you. I said, 'You are my servant';
I have chosen you and have not rejected you.
So do not fear, for I am with you; do not be dismayed, for I am your God. I will strengthen you and help you;
I will uphold you with my righteous right hand.

오늘도 나는
검은 소파에 앉아 있다
하·루·종·일

존재로부터, 한희원 2023

Qr코드를(스마트폰 카메라 가능) 스캔하시면
해당 찬양으로 (Youtube) 바로 연결됩니다.

난 너를 놓지 않으리
I Won't Let Go

I will stand by you
I will help you through
When you've done
all you can do
If you can't cope
I will dry your eyes
I will fight your fight
I will hold you tight
And I won't let go

<사 41:8-10>

8   그러나 나의 종 너 이스라엘아 내가 택한
야곱아 나의 벗 아브라함의 자손아

9   내가 땅 끝에서부터 너를 붙들며 땅
모퉁이에서부터 너를 부르고 네게
이르기를 너는 나의 종이라 내가 너를
택하고 싫어하여 버리지 아니하였다
하였노라

10   두려워하지 말라 내가 너와 함께 함이라
놀라지 말라 나는 네 하나님이 됨이라 내가
너를 굳세게 하리라 참으로 너를 도와
주리라 참으로 나의 의로운 오른손으로
너를 붙들리라

난 너를 놓지 않으리
Song by Rascal Flatts

앞을 분간할 수 없는 폭풍이 몰아칠 때
네 의지가 끊어지고
완전히 길을 잃었다 생각될 때(마8:25)
하지만 그건 너 스스로 잃은 게 아니란다
넌 혼자가 아니란다(수 1:9)
내가 네 곁에 서리라(빌 4:1)
네 모든 노력을 다했음에도 더는 어찌할 수 없을 때
내가 너를 온전히 도우리라(사 41:13)
내가 네 눈물 마르게 하리라(계 7:4)
내가 너의 싸움 싸우리라(출 14:14)
품에 꼭 안고 놓치지 않으리라(신 31:6)
네 눈물을 보니
내 마음이 아프구나(시 56:8)
네 삶의 고난을 안단다
그것은 누구에게나 찾아오지(요 16:33)
너는 너무 작단다
비를 멈추기에는 말이야(시 143:4)
하지만 비가 내릴 때는(마 8:26)
내가 네 곁에 서리라(빌 4:1)
네 모든 노력을 다했음에도
더 이상 어찌할 수 없을 때
내가 너를 온전히 도우리라(사 41:13)
내가 네 눈물 마르게 하리라(계 7:4)
내가 너의 싸움 싸우리라(출 14:14)
품에 꼭 안고 넘어지지 않게 하리라(신 31:6)
넘어지는 걸 두려워 말거라
네가 너를 붙잡아 주려 여기 있으니(시 41:10)
내 너를 넘어지지 않게 하리라
내 너를 쓰러지지 않게 하리라(신 36:1)
너는 할 수 있단다
나는 네가 할 수 있다는 걸 믿는단다(엡 5:8)
내가 늘 곁에 서 있을 테니 말이야(빌 4:1)
네 모든 노력을 다했음에도
더 이상 어찌할 수 없을 때
내가 너를 온전히 도우리라(사 41:13)
내가 네 눈물 마르게 하리라(계 7:4)
내가 너의 싸움 싸우리라(출 14:14)
내 너를 꼭 안고서 놓치지 않으리라
내 너를 놓지 않으리라 (신 31:6)

요단강 건너편 파노라마

요단강 건너편 파노라마

Panorama of
Beyond Jordan

#4
요단강!

Panorama of the Israel, at Flood Stage Jordan River

요단강

여호수아, 이스라엘, 범람(氾濫)하는 요단강 파노라마

<수 3:15>
요단이 곡식 거두는 시기에는 항상 언덕에 넘치더라
Now the Jordan is at flood stage all during harvest. <Jos. 3:15>

여호수아
Hoshea Joshua

<민 13:16>
모세가 눈의 아들 호세아를 여호수아라 불렀더라

하나님께서 직접 세운 새 리더십 - 여호수아

<민 27:18-23>

18 여호와께서 모세에게 이르시되 눈의 아들 여
    호수아는 그 안에 영이 머무는 자니 너는 데려
    다가 그에게 안수하고

19 그를 제사장 엘르아살과 온 회중 앞에 세우고
    그들의 목전에서 그에게 위탁하여

20 네 존귀를 그에게 돌려 이스라엘 자손의 온 회
    중을 그에게 복종하게 하라

21 그는 제사장 엘르아살 앞에 설 것이요 엘르아살
    은 그를 위하여 우림의 판결로써 여호와 앞에 물
    을 것이며 그와 온 이스라엘 자손 곧 온 회중은
    엘르아살의 말을 따라 나가며 들어올 것이니라

22 모세가 여호와께서 자기에게 명령하신 대로
    하여 여호수아를 데려다가 제사장 엘르아살과
    온 회중 앞에 세우고

23 그에게 안수하여 위탁하되 여호와께서 모세에
    게 명령하신 대로 하였더라

이름에 담긴 정체성(Identity)
- 호세아 עשוה - 구원(자)
- 여호수아 יהושע - 여호와는 구원이시다

여호와 이레

יהוה יראה

The LORD Will Provide

여호수아를 준비하신 하나님

애굽(이집트) 출생
*애굽 종살이(40년 이상)

이집트 10가지 재앙 체험
* 전능하신 하나님의 권능 목도

출애굽 준비 과정 경험 – 가나안 입성 후 2세대 전수
* 여호와의 유월절, 언약의 할례 등

모세 영도하 출애굽(광야 1세대)
*약속의 땅 가나안에 입성한 유일한 광야 1세대(갈렙과 더불어)

모세 수종 시작(리더십 수업)
*하나님이 세운 영적 리더십 최측근 학습

하나님께서 모세를 통해 역사하신 기적과 표적 목도
*홍해의 기적, 만나와 메추라기, 반석에서 내신 샘, 불뱀 놋뱀 등

르비딤 – 대(對)아말렉 전투 지휘(모세의 명령 순종)
*현장 리더(전투 지휘관)로 전격 등장(개선장군)

아론과 이스라엘 금송아지 우상숭배 사건 불참
*모세와 동행 (시내 산 동반)

가데스 바네아 가나안 12 정탐대 대원
*가나안 정복을 확신(간증)한, 갈렙과 더불어 2인 중 1인

광야 38년

모세 수종 40년 (불평불만 없이 섬김)
*모세의 애굽(이집트 왕자)성장 40년, 미디안 광야 40년 경험 흡수

마침내 하나님께서 이스라엘 영도자로 세우심
*요단강 도하의 기적 / 약속의 땅 – 가나안 입성, 정복의 주역이 됨

가나안 정복

#마른 요단강 - 기적의 시작과 끝 - 하나님
내가 산을 향하여 눈을 들리라 나의 도움이 어디서 올까 나의 도움은 천지를 지으신 여호와에게서로다 / 시 121:1-2

나는 알파와 오메가요 처음과 마지막이요
시작과 마침이라 /
계 22:13

I am the Alpha and the Omega, the First and
the Last, the Beginning and the End. /
Rev. 22:13(NIV)

IM

POSSIBLE

내게 능력 주시는 자 안에서 내가 모든 것을 할 수 있느니라 / 빌 4:13

I can do everything
Through Him
who gives me strength

오직 하나님을 통해서만

<수 1:1-8>

1 여호와의 종 모세가 죽은 후에 여호와께서 모세의 수종자 눈의 아들 여호수아에게 말씀하여 이르시되

2 내 종 모세가 죽었으니 이제 너는 이 모든 백성과 더불어 일어나 이 요단을 건너 내가 그들 곧 이스라엘 자손에게 주는 그 땅으로 가라

3 내가 모세에게 말한 바와 같이 너희 발바닥으로 밟는 곳은 모두 내가 너희에게 주었노니

4 곧 광야와 이 레바논에서부터 큰 강 곧 유브라데 강까지 헷 족속의 온 땅과 또 해 지는 쪽 대해까지 너희의 영토가 되리라

5 네 평생에 너를 능히 대적할 자가 없으리니 내가 모세와 함께 있었던 것 같이 너와 함께 있을 것임이니라 내가 너를 떠나지 아니하며 버리지 아니하리니

6 강하고 담대하라 너는 내가 그들의 조상에게 맹세하여 그들에게 주리라 한 땅을 이 백성에게 차지하게 하리라

7 오직 강하고 극히 담대하여 나의 종 모세가 네게 명령한 그 율법을 다 지켜 행하고 우로나 좌로나 치우치지 말라 그리하면 어디로 가든지 형통하리니

8 이 율법책을 네 입에서 떠나지 말게 하며 주야로 그것을 묵상하여 그 안에 기록된 대로 다 지켜 행하라 그리하면 네 길이 평탄하게 될 것이며 네가 형통하리라

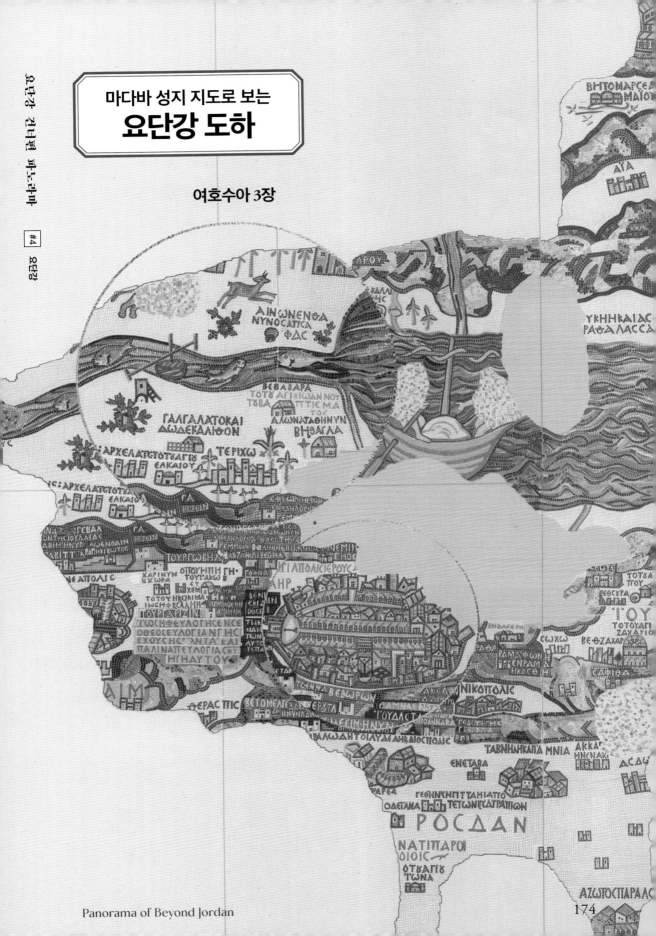

마다바 성지 지도로 보는
요단강 도하

여호수아 3장

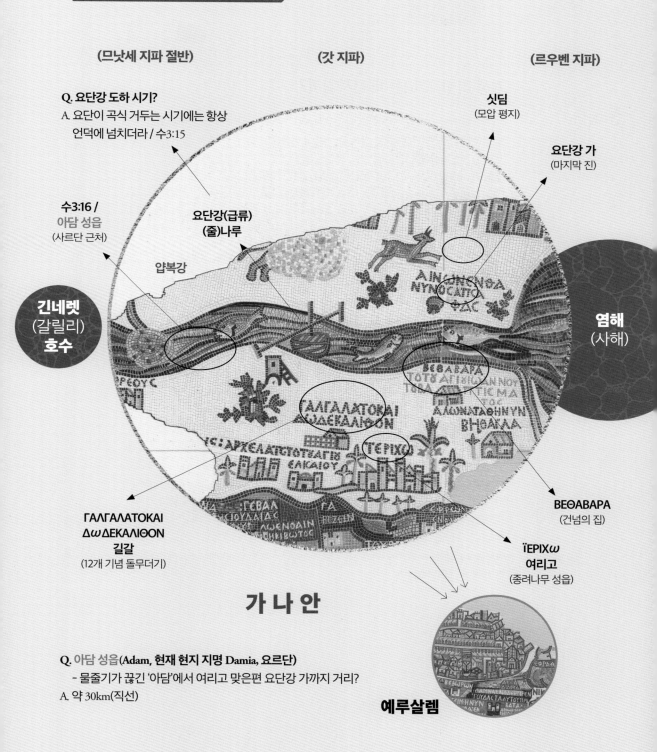

여호수아 3장

(므낫세 지파 절반)　　　　　(갓 지파)　　　　　(르우벤 지파)

Q. 요단강 도하 시기?
A. 요단이 곡식 거두는 시기에는 항상
　 언덕에 넘치더라 / 수3:15

싯딤
(모압 평지)

요단강 가
(마지막 진)

수3:16 /
아담 성읍
(사르단 근처)

요단강(급류)
(줄)나루

얍복강

긴네렛
(갈릴리)
호수

염해
(사해)

AINϣNϹNΘΔ
NYNOCATϵϹ
ϤΔϹ

BEΘABAPA
TOTϵΑΓΙϲΙϲΙϢΝ NOY
TIϹ MA
TOϹ
ΑΛϢΝΑΤΑΘΗΝΥΝ
BHΘΔΚΛΑ

ΓΑΛΓΑΛΑΤΟΚΑΙ
ΔωΔΕΚΑΛΙΘΟΝ

ΙΕΡΙΧω

ΓΑΛΓΑΛΑΤΟΚΑΙ
ΔωΔΕΚΑΛΙΘΟΝ
길갈
(12개 기념 돌무더기)

BEΘABAPA
(건넘의 집)

ΙΕΡΙΧω
여리고
(종려나무 성읍)

가 나 안

Q. 아담 성읍(Adam, 현재 현지 지명 Damia, 요르단)
　- 물줄기가 끊긴 '아담'에서 여리고 맞은편 요단강 가까지 거리?
A. 약 30km(직선)

예루살렘

기생 라합, 그녀는 배신자일까?

성경에 등장하는 인물은 셀 수 없이 많지만, 남자에 비해 여자는 적은 편이다. 일반인에게 비교적 알려진 유명한 여성은 하와, 사라, 기생 라합, 나오미, 에스더, 동정녀 마리아, 막달라 마리아 등이다.

성경 퀴즈 시간에 '구약에 나오는 여성 이름 말하기' 문제를 내면, 위에서 나오는 구약 인물 외에 하갈, 리브가, 라헬, 레아, 미리암, 라합, 밧세바, 아비가일 등을 외치다가 의외로 말문이 막힌다. 급기야는 '민수기(민숙이?)'라고 농반진반으로 외치는 경우도 있다. 아무튼 이들은 대부분 신분이 고상한데, 유독 라합은 비천한 기생 출신이다. 그래서 라합에 대해 알아볼까 한다.

기생 라합은 이스라엘 정탐꾼이 여리고 성에 들어가 머문 집의 주인이다. 두 정탐꾼이 정체가 발각되어 쫓기고 있었는데, 지붕 쪽에 숨겨두었다가 동족 군사들이 왔을 때, 정탐꾼이 거기 없다고 속이고는 성벽에 세워진 자신의 집 창문에서 줄을 내려 도망치게 한다. 여리고 입장에서 보면 이는 동족을 배신한 명백한 이적 행위이다. 여리고 성이 함락된 단초를 제공했으니 말이다.

그러나 역사는 그녀를 배신자라 부르지 않는다. 배신자는 말 그대로 믿음을 저버린 사람에게나 붙여질 이름이기 때문이다. 어떠한 국가나 그 통치자의 권위를 인정한다고 해서 그들이 행하는 모든 일을 피통치자들이 따라야 하는 것은 아니다. 하나님의 뜻에 맞지 않다면, 인간은 자유 의지로 이를 거부할 권리가 있다. 그래서 저항권이 있는 것이다. 그런 측면에서 보면, 라합은 오히려 의를 위해 헌신한 사람이므로, 의인이라 불려야 한다. 우리가 의의 편에 서야 하고, 불의의 편에 서서는 안 되는 이유가 바로 여기에 있다. 그런데 의를 얻으려면 어떻게 해야 할까? 성경은 '그리스도를 믿음으로써 의롭다 함을 얻는다'고 말한다. 라합은 비록 미천한 기생의 신분이었지만, 이스라엘의 하나님을 두려워하는 믿음에 근거해서, 자신의 목숨을 걸고 정탐꾼을 살려줌으로써 그녀의 가족과 친족들을 모두 구출해 낼 수 있었다. 그뿐 아니다. 그녀가 나중에 유다 족장인 살몬과 결혼하여 보아스를 낳았는데, 보아스의 증손이 다윗이므로, 결국 라합은 예수 그리스도의 족보에 올라 있음을 알 수 있다. 그녀가 던져준 줄은 자신뿐만 아니라, 모든 사람들을 위한 생명 줄이 아니었을까?

美生 2024. 1. 4

기생 라합, 이강만 삽화

두 정탐꾼과 기생 라합

<수 2:1>

**눈의 아들 여호수아가 싯딤에서 두 사람을 정탐꾼으로 보내며 이르되
가서 그 땅과 여리고를 엿보라 하매 그들이 가서 라합이라 하는
기생의 집에 들어가 거기서 유숙하더니**

<수 2:8-15>

8   또 그들이 눕기 전에 라합이 지붕에 올라가서 그들에게 이르러

9   말하되 여호와께서 이 땅을 너희에게 주신 줄을 내가 아노라 우리가 너희를 심히 두려워하고 이 땅 주민들이 다 너희 앞에서 간담이 녹나니

10 이는 너희가 애굽에서 나올 때에 여호와께서 너희 앞에서 홍해 물을 마르게 하신 일과 너희가 요단 저쪽에 있는 아모리 사람의 두 왕 시혼과 옥에게 행한 일 곧 그들을 전멸시킨 일을 우리가 들었음이니라

11 우리가 듣자 곧 마음이 녹았고 너희로 말미암아 사람이 정신을 잃었나니 너희의 하나님 여호와는 위로는 하늘에서도 아래로는 땅에서도 하나님이시니라

12 그러므로 이제 청하노니 내가 너희를 선대하였은즉 너희도 내 아버지의 집을 선대하도록 여호와로 내게 맹세하고 내게 증표를 내라

13 그리고 나의 부모와 나의 남녀 형제와 그들에게 속한 모든 사람을 살려 주어 우리 목숨을 죽음에서 건져내라

14 그 사람들이 그에게 이르되 네가 우리의 이 일을 누설하지 아니하면 우리의 목숨으로 너희를 대신할 것이요 여호와께서 우리에게 이 땅을 주실 때에는 인자하고 진실하게 너를 대우하리라

15 라합이 그들을 창문에서 줄로 달아 내리니 그의 집이 성벽 위에 있으므로 그가 성벽 위에 거주하였음이라

라합과 두 정탐꾼

<수 2:18,21>

18 우리가 이 땅에 들어올 때에 우리를 달아 내린 창문에 이 붉은 줄을 매고 네 부모와 형제와 네 아버지의 가족을 다 네 집에 모으라

21 라합이 이르되 너희의 말대로 할 것이라 하고 그들을 보내어 가게 하고 붉은 줄을 창문에 매니라

<수 3:5>
여호수아가 또 백성에게 이르되 너희는 자신을 성결하게 하라
여호와께서 내일 너희 가운데에 기이한 일들을 행하시리라

요단강 가
성결 예식

Consecrate yourselves
for tomorrow the LORD will do wonders among you.

<시 51:7>

우슬초로 나를 정결하게 하소서
내가 정하리이다 나의 죄를 씻어
주소서 내가 눈보다 희리이다
Cleanse me with hyssop, and I will be
clean; wash me, and I will be whiter
than snow.

거기에 유대인의 정결 예식을 따라 두세 통 드는 돌항아리 여섯이 놓였는지라 / 요2:6
* 성결에 관한 규정 / 민수기 19장

보리 추수 시기(늦은 비, 3 ~ 4월) 범람하는 요단강
이때 강폭은 최대 약 1.5km, 수심은 약 3m에 달한다.

The Moment of Miracle

언약궤를 멘
제사장들의 발이
물가에 닿.았.을. 때
일어난 기적

<수 3:15-16>

15 요단이 곡식 거두는 시기에는 항상 언덕에 넘치더
   라 궤를 멘 자들이 요단에 이르며 궤를 멘 제사장들
   의 발이 물가에 잠기자

16 곧 위에서부터 흘러내리던 물이 그쳐서 사르단에
   가까운 매우 멀리 있는 아담 성읍 변두리에 일어나
   한 곳에 쌓이고 아라바의 바다 염해로 향하여 흘러
   가는 물은 온전히 끊어지매 백성이 여리고 앞으로
   바로 건널새

<JOS.3:15-16>

the feet of the priests that bare the ark were dipped in the
brim of the water, (for Jordan overfloweth all his banks
all the time of harvest,)
That the waters which came down from above stood and
rose up upon an heap very far from the city Adam, that is
beside Zaretan: and those that came down toward the sea of
the plain, even the salt sea, failed, and were cut off: and the
people passed over right against Jericho.

<마 17:20>

이르시되 너희 믿음이 작은 까닭이니라 진실로 너희에
게 이르노니 만일 너희에게 믿음이 겨자씨 한 알 만큼만
있어도 이 산을 명하여 여기서 저기로 옮겨지라 하면 옮
겨질 것이요 또 너희가 못할 것이 없으리라

마른 요단강을 건너는 이스라엘(The passage of the Jordan River with the Ark of the Covenant) / Juan Montero de Rojas

기적의 요단강 도하

MIRACLE OF
THE JORDAN RIVER

<수 3:17>
여호와의 언약궤를 멘 제사장들은
요단 가운데 마른 땅에 굳게 섰고
그 모든 백성이 요단을 건너기를 마칠 때까지
모든 이스라엘은 그 마른 땅으로 건너갔더라

광야 2세대
요단강 세례

洗禮

'Regeneration' – the 2nd generation of the wilderness was baptized in the Jordan river

#약속에 신실하신 하나님

네 평생에 너를 능히 대적할 자가 없으리니

내가 모세와 함께 있었던 것 같이 너와 함께 있을 것임이니라
내가 너를 떠나지 아니하며 버리지 아니하리니 / 수1:5

요단강 도하를 지휘하고 있는 여호수아(Joshua passing the River Jordan with the Ark of the Covenant)
/ Benjamin West

<수 4:14>

그 날에 여호와께서 모든 이스라엘의 목전에서 여호수아를 크게 하시매 그가 생존한 날
동안에 백성이 그를 두려워하기를 모세를 두려워하던 것 같이 하였더라

ΓΑΛΓΑΛΑΤΟΚΑΙ ΔωΔΕΚΑΛΙΘΟΝ

길갈
(12개 기념 돌무더기)

* 길갈(GILGAL) : (애굽의 수치를) 굴리다

마다바 성지 지도

여호와께서 여호수아에게 이르시되 내가 오늘 애굽의 수치를 너희에게서 떠나가게 하였다 하셨으므로 그곳 이름을 오늘까지 길갈이라 하느니라 / 수5:9

기념하라 기억하라

<수 4:19-24>

19 첫째 달 십일에 백성이 요단에서 올라와 여리고 동쪽 경계 길갈에 진 치매

20 여호수아가 요단에서 가져온 그 열두 돌을 길갈에 세우고

21 이스라엘 자손들에게 말하여 이르되 후일에 너희의 자손들이 그들의 아버지에게 묻기를 이 돌들은 무슨 뜻이니이까 하거든

22 너희는 너희의 자손들에게 알게 하여 이르기를 이스라엘이 마른 땅을 밟고 이 요단을 건넜음이라

23 너희의 하나님 여호와께서 요단 물을 너희 앞에서 마르게 하사 너희를 건너게 하신 것이 너희의 하나님 여호와께서 우리 앞에 홍해를 말리시고 우리를 건너게 하심과 같았나니

24 이는 땅의 모든 백성에게 여호와의 손이 강하신 것을 알게 하며 너희가 너희의 하나님 여호와를 항상 경외하게 하려 하심이라 하라

이것 한번 '바르실래'요?

성경에 등장하는 단어 중 딱 한 군데에서만 두 번 나오고, 더 이상 나오지 않는 단어가 있다. '공궤'라는 단어다. 다윗 왕이 압살롬의 반역을 진압하고 예루살렘으로 귀환하기 위해 요단강을 건너려던 시점에 나오는 단어. 80세가 된 바르실래에게 다윗 왕이 권한다. 예루살렘에 함께 가게 되면, 자기가 쫓기던 때에 바르실래가 자신을 공궤한 것처럼, 이제는 자신이 바르실래를 공궤하겠다고 말이다.

'공궤'라는 단어를 사전에서 찾아 그 의미를 살펴보면 '윗사람에게 음식을 드림' 또는 '먹을 것과 입을 것 등 생활에 필요한 모든 것을 제공함', 그리고 좀 더 확장해서는 '극진히 섬기며 보살핌'이라고 한다.

다윗은 자식들에게 지나치게 관대한 왕이다. 자식들이 심각한 범죄를 저지를 때마다 크게 화를 냈을 뿐, 적절한 조치를 취하지 않았다. 물론 자신도 많은 죄를 범했기 때문에 자식들에게만 엄격할 수가 없었던 점도 작용했을 것이다. 그러나 이러한 태도가 가족의 비극을 심화시키곤 했다. 아들 압살롬의 반역도 그중 하나다. 다윗 왕은 압살롬에 쫓겨 예루살렘에서 도망쳐 각지를 떠돌아 다니면서 수난을 겪는다. 바후림에서는 베냐민 사람 시므이가 그를 향해 돌을 던지고, 재를 던지며, 저주를 퍼부을 정도였다. 이렇게 쫓겨 다니던 다윗 왕이 마하나임에 이르렀을 때, 시장하고 곤하고 목마른 다윗 왕과 그 백성들을 위해 로글림 출신의 길르앗 사람 바르실래 등 몇 사람이 여러가지 음식을 가져와 먹였던 것이다.

이러한 바르실래의 충성심과 후의를 다윗 왕이 기억하고, 예루살렘 귀환 시 그를 데려 가고자 한다. 그러나 바르실래는 늙은 몸으로 동행하게 되면, 여정에 방해가 된다면서 극구 사양하고, 대신 자신의 아들 김함을 보낸다.

어려움에 처한 사람을 도와 주는 것은 쉬운 일이 아니다. 어려울 때 받은 도움을 기억하는 것도 또한 쉽지 않다. 이 사건에서 우리는 그것을 행한 두 사람 바르실래와 다윗 왕을 만나게 된다. 더 대단한 것은 자신의 공로를 내세워 한 자리 차지하려는 게 세상의 이치이건만 이를 과감히 뿌리친 바르실래의 처신이다.

거칠어진 우리의 마음에 이분의 선한 영향력을 한번 바르실래요?

27 다윗이 마하나임에 이르렀을 때에 암몬
족속에게 속한 랍바 사람 나하스의 아들
소비와 로데발 사람 암미엘의 아들
마길과 로글림 길르앗 사람 바르실래가

28 침상과 대야와 질그릇과 밀과 보리와
밀가루와 볶은 곡식과 콩과 팥과 볶은
녹두와

29 꿀과 버터와 양과 치즈를 가져다가
다윗과 그와 함께 한 백성에게 먹게
하였으니 이는 그들 생각에 백성이
들에서 시장하고 곤하고 목마르겠다
함이더라

יִשְׂרָאֵל
Israel
이스라엘

근거 1. 하나님의 주권

태초에 하나님이 천지를 창조하시니라 / 창 1:1

근거 2. 하나님의 언약

<창 17:4-8>

4   보라 내 언약이 너와 함께 있으니 너는 여러 민족의 아버지가 될지라

5   이제 후로는 네 이름을 아브람이라 하지 아니하고 아브라함이라 하리니 이는 내가 너를 여러 민족의 아버지가 되게 함이니라

6   내가 너로 심히 번성하게 하리니 내가 네게서 민족들이 나게 하며 왕들이 네게로부터 나오리라

7   내가 내 언약을 나와 너 및 네 대대 후손 사이에 세워서 영원한 언약을 삼고 너와 네 후손의 하나님이 되리라

8   내가 너와 네 후손에게 네가 거류하는 이 땅 곧 가나안 온 땅을 주어 영원한 기업이 되게 하고 나는 그들의 하나님이 되리라

하나님의 언약과 제사장 국가 탄생 (고대 이스라엘)

<출 19:3-6>

3   모세가 하나님 앞에 올라가니 여호와께서 산에서 그를 불러 말씀하시되 너는 이같이 야곱의 집에 말하고 이스라엘 자손들에게 말하라

4   내가 애굽 사람에게 어떻게 행하였음과 내가 어떻게 독수리 날개로 너희를 업어 내게로 인도하였음을 너희가 보았느니라

5   세계가 다 내게 속하였나니 너희가 내 말을 잘 듣고 내 언약을 지키면 너희는 모든 민족 중에서 내 소유가 되겠고

6   너희가 내게 대하여 제사장 나라가 되며 거룩한 백성이 되리라

1 여호와께 감사하고 그의 이름을 불러 아뢰며 그가 하는 일을 만민 중에 알게 할지어다 2 그에게 노래하며 그를 찬양하며 그의 모든 기이한 일들을 말할지어다 3 그의 거룩한 이름을 자랑하라 여호와를 구하는 자들은 마음이 즐거울지로다 4 여호와와 그의 능력을 구할지어다 그의 얼굴을 항상 구할지어다 5 그의 종 아브라함의 후손 곧 택하신 야곱의 자손 너희는 그가 행하신 기적과 그의 이적과 그의 입의 판단을 기억할지어다

6 (*없음) 7 그는 여호와 우리 하나님이시라 그의 판단이 온 땅에 있도다 8 그는 그의 언약 곧 천 대에 걸쳐 명령하신 말씀을 영원히 기억하셨으니 9 이것은 아브라함과 맺은 언약이고 이삭에게 하신 맹세이며 10 야곱에게 세우신 율례 곧 이스라엘에게 하신 영원한 언약이라

11 이르시기를 내가 가나안 땅을 네게 주어 너희에게 할당된 소유가 되게 하리라 하셨도다 12 그 때에 그들의 사람 수가 적어 그 땅의 나그네가 되었고 13 이 족속에게서 저 족속에게로, 이 나라에서 다른 민족에게로 떠돌아다녔도다 14 그러나 그는 사람이 그들을 억압하는 것을 용납하지 아니하시고 그들로 말미암아 왕들을 꾸짖어 15 이르시기를 나의 기름 부은 자를 손대지 말며 나의 선지자들을 해하지 말라 하셨도다 16 그가 또 그 땅에 기근이 들게 하사 그들이 의지하고 있는 양식을 다 끊으셨도다 17 그가 한 사람을 앞서 보내셨음이여 요셉이 종으로 팔렸도다 18 그의 발은 차꼬를 차고 그의 몸은 쇠사슬에 매였으니 19 곧 여호와의 말씀이 응할 때까지라 그의 말씀이 그를 단련하였도다 20 왕이 사람을 보내어 그를 석방함이여 뭇 백성의 통치자가 그를 자유롭게 하였도다

21 그를 그의 집의 주관자로 삼아 그의 모든 소유를 관리하게 하고 22 그의 뜻대로 모든 신하를 다스리며 그의 지혜로 장로들을 교훈하게 하였도다 23 이에 이스라엘이 애굽에 들어감이여 야곱이 함의 땅에 나그네가 되었도다 24 여호와께서 자기의 백성을 크게 번성하게 하사 그의 대적들보다 강하게 하셨으며 25 또 그 대적들의 마음이 변하게 하여 그의 백성을 미워하게 하시며 그의 종들에게 교활하게 행하게 하셨도다

26 그리하여 그는 그의 종 모세와 그의 택하신 아론을 보내시니 27 그들이 그들의 백성 중에서 여호와의 표적을 보이고 함의 땅에서 징조들을 행하였도다 28 여호와께서 흑암을 보내사 그곳을 어둡게 하셨으나 그들은 그의 말씀을 지키지 아니하였도다 29 그들의 물도 변하여 피가 되게 하사 그들의 물고기를 죽이셨도다 30 그 땅에 개구리가 많아져서 왕의 궁실에도 있었도다 31 여호와께서 말씀하신즉 파리 떼가 오며 그들의 온 영토에 이가 생겼도다 32 비 대신 우박을 내리시며 그들의 땅에 화염을 내리셨도다 33 그들의 포도나무와 무화과나무를 치시며 그들의 지경에 있는 나무를 찍으셨도다 34 여호와께서 말씀하신즉 황충과 수많은 메뚜기가 몰려와 35 그들의 땅에 있는 모든 채소를 먹으며 그들의 밭에 있는 열매를 먹었도다

36 또 여호와께서 그들의 기력의 시작인 그 땅의 모든 장자를 치셨도다 37 마침내 그들을 인도하여 은 금을 가지고 나오게 하시니 그의 지파 중에 비틀거리는 자가 하나도 없었도다 38 그들이 떠날 때에 애굽이 기뻐하였으니 그들이 그들을 두려워함이로다 39 여호와께서 낮에는 구름을 펴사 덮개를 삼으시고 밤에는 불로 밝히셨으며 40 그들이 구한즉 메추라기를 가져 오시고 또 하늘의 양식으로 그들을 만족하게 하셨도다 41 반석을 여신즉 물이 흘러나와 마른 땅에 강 같이 흘렀으니 42 이는 그의 거룩한 말씀과 그의 종 아브라함을 기억하셨음이로다 그의 백성이 즐겁게 나오게 하시며 그의 택한 자는 노래하며 나오게 하시고 43 여러 나라의 땅을 그들에게 주시며 민족들이 수고한 것을 소유로 가지게 하셨으니 44 이는 그들이 그의 율례를 지키고 그의 율법을 따르게 하려 하심이로다 할렐루야!

* 없음 : 원문 5, 6절이 5절로 통합 번역 됨

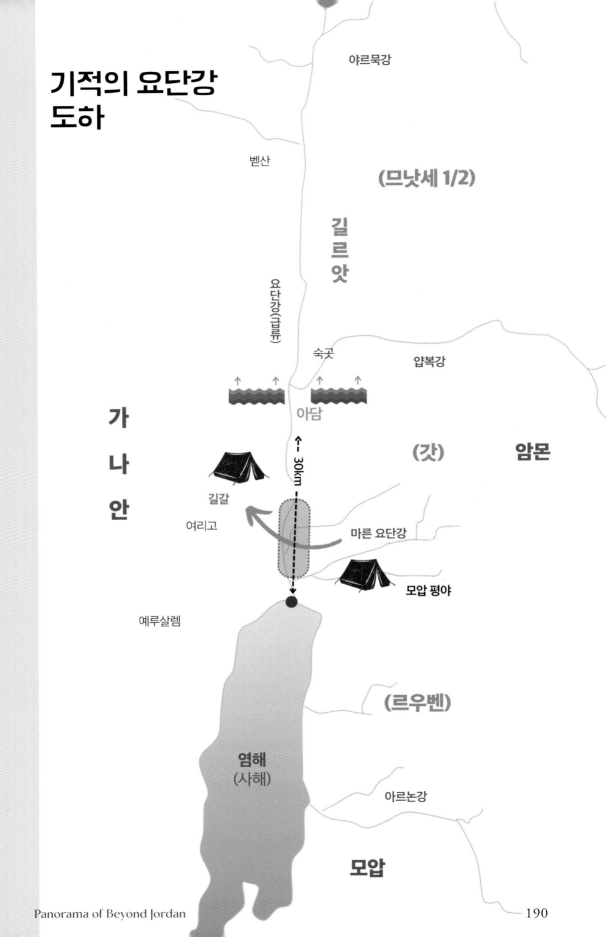

기적의 요단강
도하

야르묵강

(므낫세 1/2)

벧산

길르앗

요단강(크브류)

숙곳

얍복강

↑ ↑ ↑ ↑

아담

가
나
안

← 30km

길갈

여리고

마른 요단강

(갓)

암몬

모압 평야

예루살렘

(르우벤)

염해
(사해)

아르논강

모압

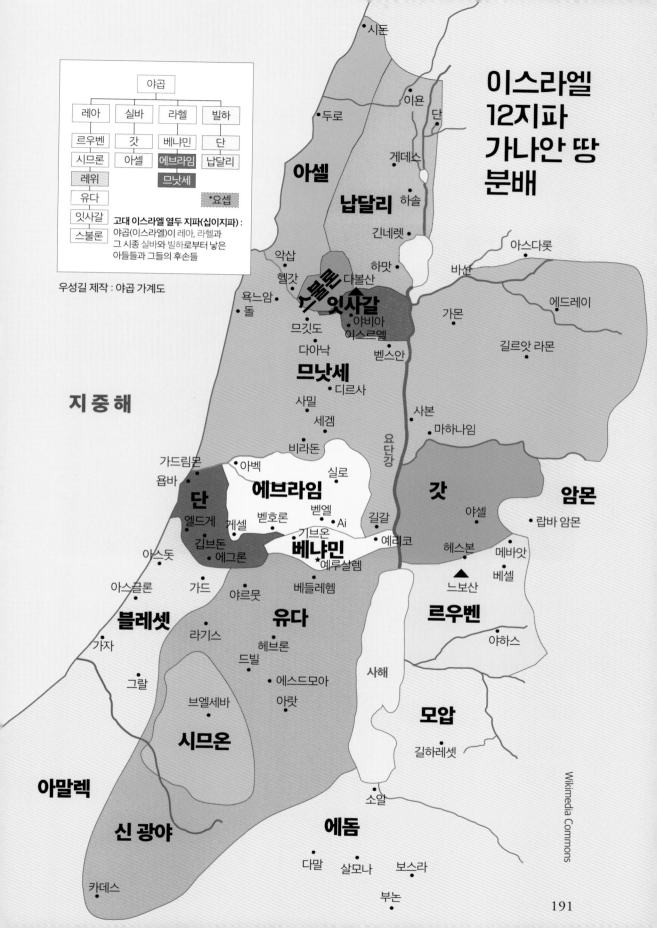

이스라엘
12지파
가나안 땅
분배

야곱 가계도

야곱			
레아	실바	라헬	빌하
르우벤	갓	베냐민	단
시므론	아셀	에브라임	납달리
레위		므낫세	
유다			
잇사갈		*요셉	
스불론			

고대 이스라엘 열두 지파(십이지파) :
야곱(이스라엘)이 레아, 라헬과
그 시종 실바와 빌하로부터 낳은
아들들과 그들의 후손들

우성길 제작 : 야곱 가계도

지 중 해

시돈

이욘
두로
단
게데스
하솔

아셀

납달리

긴네렛

아스다롯

악삽
헬갓
브 불
스 불
다볼산
하맛
바산
에드레이

욕느암
돌
잇사갈
야비아
이스르엘
가몬
길르앗 라몬

므깃도
다아낙
벳스안

므낫세
디르사
사본
마하나임

사밀
세겜

비라돈
실로

가드림몬
욥바
아벡
단
엘드게
게셀
벧호론
벧엘
Ai
길갈
예리코
갓
야셀
암몬
랍바 암몬

아스돗
깁브돈
에그론
기브온
베냐민
★예루살렘
헤스본
느보산
메바앗
베셀

아스글론
가드
야르뭇
베들레헴
르우벤
야하스

블레셋
라기스
헤브론
드빌
유다
사해

가자
에스드모아
아랏

그랄
브엘세바
모압
길하레셋

아말렉
시므온
소알
에돔

신 광야

다말
살모나
보스라
부논
카데스

Wikimedia Commons

안식, 한희원 2023

생명이 생명에게
다가가 말을 걸 때
꽃은 핀다
나는 너를 느끼고
네가 나를 느끼는
자유로움

Jordan
'Big 4' Gudie

새로운 세계 7대 불가사의 Petra

#1

페트라

생애 꼭 한번은, 페트라

"그런데, 페트라에는 가 보았는가?"
예로부터 중동을 여행하는 여행자들 사이의 인사는 페트라에 가 보았냐는 것이었다. 그도 그럴 것이 페트라를 보지 않았다면, 아직 중동을 본 것이 아니라는 말이 있을 정도다. 명불허전! 그렇다. 페트라는 정말 꼭 한번 방문해 보아야 할, 놀라운 인류 유산이다. 페트라는 2007년 7월 7일, 새로운 세계 7대 불가사의 중 한 곳으로 선정됐다. 오랫동안 비밀을 간직해온 페트라가 세상에 확실한 존재감을 드러낸 순간이었다. 자연의 위대함과 인간의 무한한 창조력의 조화 - 페트라. 페트라를 방문하는 것은 그야말로 인생의 럭키 '7777'이다!
과연 누가 이 거대한 바위 도시를 세웠을까? 그 주인공은 바로 나바테아인들이다. 나바테아는 멸망한 에돔을 밀어내고, 기적처럼 만들어진 천혜의 요새인 높은 바위산과 바위 협곡에 둥지를 텄다. 페트라는 바로 이 혜성같이 등장한 한 아라비아 유목민 나바테아인의 비밀스러운 작품이다. 이제 한때 아라비아 반도를 주름잡았던 나바테아와 장밋빛 핑크 도시 페트라의 베일을 벗겨보자.

현장 가이드

영원을 닮은 바위 도시 - 페트라

영원의 절반쯤 된 장밋빛 붉은 도시

Petra - a rose-red city half as old as time. John William Burgon / y.1845

영국의 시인 존 윌리엄 버건은 그의 시, '페트라'에서 마지막 연에 이렇게 아름답게 표현했다. 바로 그 장밋빛 붉은 도시 페트라는 1812년 스위스 탐험가 요한 부르크 하르트(이하 탐험가 요한)에 의해 극적으로 발견되었다. 탐험가 요한은 무려 700년 동안 잠들어 있던 바위 도시를 깨웠다.[이 책의 88~89쪽에도 페트라 소개가 있음]

위대한 발견, 재능보다 센스

처음 페트라를 방문했을 때 현지 가이드에게 들었던 탐험가 요한의 극적인 페트라 발견 이야기가 매우 흥미로웠다. 긴 이야기였지만, 결론은 요한이 탐험가로서 뛰어난 재능으로 페트라를 발견했다기보단(물론 그것도 중요한 사실이지만), 그의 뛰어난 재치가 페트라를 발견하게 한 것이다. 그의 이야기를 짧게 요약하자면, 탐험가 요한은 시리아에서 '전설의 도시 - 페트라'에 관해 우연히 듣게 됐다. 아직 누구도 밝혀내지 못한 미지의 세계는 젊은 탐험가의 호기심을 자극했다. 그는 즉시 아랍인으로 변장하고 페트라를 찾아 나섰다. 바로 여기서 그의 '탁월한 센스'가 드러난다. 그는 페트라까지 안내해 줄 베두인을 찾았는데, 그는 그 베두인에게 '모세의 형 - 아론의 무덤' 찾기를 도와 달라고 간청했다. 만약 요한이 페트라의 보물을 탐냈다라면, 또 그것 찾기를 요청했더라면 아마 그 베두인은 거절했을 것이다. 당시 베두인들은 페트라 바위틈 어딘가에 아직 발견하지 못한 '이집트 파라오의 보물창고가 있다'고 믿었다. 그래서 그 어떤 외지인도 접근하지 못하도록 했다. 탁월한 재치로 페트라에 입성하게 된 탐험가 요한은 높고, 좁은 바위틈 협곡인 시크를 따라 들어갔다. 그리고 마침내 페트라의 정수 알 카즈네에 도착했다. 아론의 무덤- 호르산의 발견은 덤이었다.

페트라 - '장밋빛 붉은 도시'의 진짜 비밀

고대 바위 도시 - 페트라 발견 소식은 삽시간에 서구 세상에 퍼져 나갔다. 이 특종 뉴스에, 수많은 탐험가와 여행자들이 즉시 반응했고, 그들의 '목적지'가 됐다. '목적지'를 향하는 '목적'은 제각각이었다. 어떤 여행자들과 탐험가들은 순수하게, 또 다른 이는 어쩌면 정말 있을지도 모르는 파라오의 보물을 찾아 페트라로 달려갔다. 페트라는 이후 수십 년간 가장 '핫'한 여행지 중 한 곳으로 떠올랐다. 그야말로 '페트라 러시'였다. 앞서 소개한 존 윌리엄 버건의 시 '페트라(1845년 작)'도 '페트라 러시' 시기에 탄생했다.

1845년, 당시 32세의 존 윌리엄 버건은 모교 잉글랜드 옥스퍼드(Oxford) 대학에서 주최한 영시 경연대회 — 그해 주제가 바로 '페트라'였다 — 에서 그의 시 '페트라'로 최고의 상인 뉴디게이드 상(Newdigate Prize)을 받았다. 그의 시가 그해 최고의 시로 당선되었고, 그 시가 오늘의 우리에게도 신선한 영감을 준다는 사실은 중요하면서도 잘 아는 이야기다. 하지만 여기에 독자가 모르는 진짜 이야기가 있다. 사실 존 윌리엄 버건이 페트라라는 시를 썼을 당시, 본인은 정작 단 한 번도 페트라를 방문한 적이 없었다. 그럼 어떻게 그는 그토록 세밀하고, 정확하게 묘사할 수 있었을까? 존 윌리엄 버건은 페트라 여행자들로부터 페트라의 자세한 묘사를 경청했고, 누군가 그린 페트라의 스케치를 보았을 뿐이었다. 그러니 '장밋빛 붉은 도시 페트라'는 존 윌리엄 버건의 놀라운 상상력으로 탄생했다고 할 수 있다. 과정이야 어쨌건 존 윌리엄 버건은 페트라로 일약 월드스타가 됐다. 그게 좀 멋쩍었을까? 그는 50살이 되던 해 마침내 페트라를 찾았다. 시를 쓰고 난지 무려 17년이나 지난 시점이었다. 그리고 수수께끼 같은 말을 또 하나 남겼다.

'여기는 세상 어느 곳보다 놀랍고 흥미로운 곳이야!... 그런데 장밋빛은 전혀 없는걸!'

그는 실제로 장밋빛 붉은 도시 페트라를 직접 보고 나선 여기에 장밋빛이 없다고 했다. 웃어야 할까? 울어야 할까?

페트라는 탐험가 요한이 발견한 이후로 현재까지 중동 제1의 여행지다. 1985년에는 유네스코 문화유산에 등재되었고, 연간 100만여 명이 찾는 인류 문화유산이자, 요르단을 넘어 중동 최대 관광지가 되었다. 2007년 7월 7일, 신 세계 7대 불가사의 선정을 위한 투표 결과, 무려 2위로 당당하게 선정됐다. 그 이유 하나만으로도 페트라는 방문해 볼 가치가 충분하다. 그대 어서 오라! 영원의 절반쯤 된, 장밋빛 붉은 도시 페트라로!

David Roberts, 1849년작

데이비드 로버츠 (David Roberts, 스코틀랜드 화가) : 고대 근동 지역을 장기간 여행(1838년 ~ 1840년)하며 페트라 등 현장에서 스케치한 작품을 상세한 석판화로 제작했다.

페트라의 시작 : 알 시크(Al-Siq)
최대 80m 높이의 거대 바위 틈 사이로 난, 약 1.2km 달하는 페트라 자연(메인) 도로

페트라의 보물 : 알 카즈네(Al-Khazneh)
높이 45m, 폭 30m에 달하는 거대한 작품, '파라오의 보물 창고 (The Treasury)'라 불림

현지인들은 갈라진 바위 틈 장엄하고 끝없이 이어진 협곡을 '시크'라고 불렀다.
- 데이비드 로버츠 -

페트라의 끝 : 알 데이르(Al-Deir) 사원
알 데이르(또는 앗 데이르)는 아랍어로 '신전'이라는 뜻이다. 페트라 트레일의 끝이자 가장 높은 곳에 위치하며, 이 곳에 서면 페트라 - 아라바 광야가 파노라마로 펼쳐진다.

에돔의 멸망, 혜성같이 등장한 나바테안

도시는 마치 사람과 마찬가지로 태어나 성장하고 쇠퇴한다. 나바테안의 도성 - 고대 페트라 지역의 원래 주인은 에돔(Edom)이었다. 성경에도 에돔이 자주 등장한다. 에서는 야곱(훗날 이스라엘이 된)의 쌍둥이 형이다. 그의 별명이 바로 에돔(창25:30, 창36:1-43)이었는데, 에돔은 '붉은'이란 뜻이다. 즉 에돔은 에서의 후손을 말한다. 현재의 요르단 중남부 지역에 자리에 강하게 번성했던 에돔 왕국은 결국 신 바빌론 제국에 주전 533년 멸망당한다. 멸망하여 세력이 약해진 자리에 나바테안이 치고 들어왔다. 이때가 바로 나바테아가 역사 전면에 처음 등장했다. 한편 나바테아에 밀려 서편(현재 이스라엘의 네겝 광야)으로 쫓겨난 에돔은 훗날 알렉산더 대왕에게 정복된 후 헬라어로 '이두매'라고 불리기 시작했다. 이두매는 성경에도 등장하는데, 신약 성경의 헤롯 대왕(헤롯 가문)이 바로 이 이두매 출신이다.

나바테아의 수도 페트라, 본명은 '라크무'

주전 4세기, 알렉산더 대왕이 아라비아를 정복하기 전, 페트라의 주인 나바테안은 그들의 도시를 라크무(Raqmu_Colored stone)라고 불렀다. 알렉산더 대왕이 페트라를 정복했고, 지역 전승에는 이곳을 다녀갔다고 전한다.(정확한 기록은 없다.) 알렉산더 대왕 지배 시기, 도시 이름이 '페트라'로 바뀌었다. 한편, '페트라 Petra'는 헬라어로 '바위 πέτρα'라는 뜻이다.(참고로 예수의 수제자인 베드로도 헬라어로 '바위, 반석 Πέτρος'이란 뜻이다.)

부의 원천 - 향신료 길과 왕의 대로, 그리고 이것

주전 3세기, 페트라는 나바테아 왕국의 정치, 종교, 상업 중심지가 되었다. 그들은 '지정학적 위치'를 역사상 가장 완벽하게 활용한 왕국 중 하나였다. 나바테아 - 페트라 초기의 부는 향신료 길을 통해 거래된, 주로 유향과 몰약 대상 무역에서 발생했다. 후에는 사해의 역청을 직접 판매해 엄청난 수익을 올리기도 했다. 페트라는 아라비아 카라반(대상)들이 반드시 거쳐야 하는 장소이자, 고대 근동 무역의 최대 '허브'였다. 당시에 고대 근동의 모든 대상로가 페트라로 향했고, 다시 페트라에서 출발했다. 간단히 살펴보자면, 남으로는 오만 ~ 예멘 ~ 메카 ~ 메디나를 연결하는 향신료 길이, 북으로는 왕의 대로를 통해 메소포타미아를 거쳐 실크로드와 연결되었다. 서로는 시나이 반도를 광야 길을 통해 이집트와 육상 무역로가 발달했고(왕의 대로 연장선), 북서로는 네겝 광야를 거쳐 가사(가자) 항구를 통해 지중해로 나가는 무역로가 열려있었다. 동으로도 다른 경로에 비해 제한적이긴 했지만, 아라비아 반도 건너편으로 이어지는 사막 무역로가 있었다. 사통팔달 대상로의 최중심 - 페트라. 페트라의 위치는 그야말로 신의 '편파적인' 축복이었다. 그리고 이것! 사실 이것이 바로 페트라를 진짜 페트라이게 한, 신의 한 수였다. 페트라를 중심으로 방향에 따라 50 ~ 100km 사이에 '물'이 없었다. 물론 작은 오아시스들은 존재했다. 중요한 것은 사막 대상들이 주요 운송 수단으로 사용하는 낙타 수십 마리를 동시에 먹일 물이 없었다는 것이다.(참고로 대형 낙타 한 마리는 한 번에 100리터 이상을 마실 수 있다.) 낙타와 사람까지 마시고 쓸 물이 얼마나 많이 필요했을까? 가늠하기도 힘들다. 페트라는 수 킬로미터 밖에서, 수십 개의 물의 원천에서 도시에 물을 끌어다 댄 광야 속 '물의 도시'였다. 댐을 만들어 귀한 빗물을 담수, 관리하기도 했다. 그것이 바로 페트라가 번영한 진짜 비결이었다. 역사상 가장 성공적인 '치수사업'으로 모든 사막 대상들을 도시로 끌어들였다. 물론 물값은 엄청나게 비쌌다. 체류비의 엄청난 지출에도 물이 필요한 대상들은 '초대형 인공 오아시스 - 페트라'로 몰릴 수밖에 없었다.

로마가 너무해, 잘! 나가던 페트라의 몰락

나바테아 - 페트라 왕국은 아라비아 지역 패권자였다. 특히 아레타스 4세(신약 성경에 아레다 왕)의 통치 시기에 전성기를 맞았다.(주전 9년 ~ 주 후 40년, 그의 통치 시기는 공교롭게도 예수의 생애와 시기를 같이한다.) 도시의 부가 끝도 없이 쌓였기에, 페트라의 위대한 유산들이 이 시기에 가장 많이 생성되었다. 한편 이후로도 독주하던 페트라 왕국에 제동을 건 것은 바로 로마 제국이었다. 로마 원로원이 '최고의 통치자(Optimus princeps)'라 칭할 만큼 강력했던 로마 제13대 황제 트라야누스는 주 후 106년, 아라비아 지역을 로마 제국에 복속시켰다. 나바테아의 페트라는 로마에 정복당했고, 쇠퇴하기 시작했다. 안타깝게도 로마 제국에 복속된 페트라는 더는 이전의 영광을 회복하지 못했다. 여기에 4세기에 강타한 지진은 페트라에 치명적인 피해를 줬다. 이후 몇 번의 지진과 대홍수 등으로 폐허가 되어 묻힌 도시는 이후 700년 동안 깊은 잠에 빠졌다.

페트라를 걷는다는 것

페트라를 걷는다는 것은 성경의 에돔, 알렉산더 대왕의 - 고대 그리스, 고대 근동의 스타 - 나바테아, 로마 제국의 최대 전성기를 동시에 걷는 것이다. 곳곳에 남아있는 흔적들을 마치 보물찾기하듯 따라가다 보면 길고 긴 거리도 지루할 틈이 없다.페트라의 시크를 걸으며 생각한다. 자연은 이처럼 위대하며, 또 인간은 얼마나 작은가! 시크의 끝, 마침내 도착한 비밀스러운 알 카즈네의 입구에 서서 다시 한번 탄성한다. 아, 이 작은 인간의 끝없는 도전은 더욱 위대하지 않은가!

페트라 약사

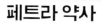

주전 6세기
· 페트라의 원주인 에돔 멸망, 나바테아인(나바테안) 페트라 이주 시작

주전 4세기
· 아라비아 유목민족 – 나바테아, 페트라 정착

주전 3세기
· 헬라계 이집트 파라오 프톨레미 2세의 전쟁 기록에 나바테아 첫 등장

주전 2세기
· 페트라 – 나바테아 왕국 형성
· 향신료길 등 왕의 대로 – 대상무역 장악, 강력한 부국으로 발돋움
*초대 왕 아레타스(Aretas) 1세 / 주전 168년경

주전 9년 ~ 주후 40년
· 페트라 – 나바테아 왕국 전성기
· 나바테아 왕국 영토 최대 확장
☆ 9대 왕 아레타스 4세
[신약성경 – 아레다 왕(고후11:32) / 세례 요한 참수한 헤롯 안디바의 장인]

주후 106년
· 로마 제국 트라야누스 황제, 페트라 정복
· 로마 제국의 아라비아 속주로 편입 / 왕조 몰락

주후 363년
· 페트라에 지진 강타
· 도시 주요 건물과 도시 핵심인 관개수로 파괴 : 결정적 쇠퇴 요인

주후 5세기
· 페트라, 로마 제국의 기독교화와 더불어 기독교 도시로 변모
· 다수의 비잔틴 교회 건축

주후 7세기
· 이슬람 세력 페트라 정복, 페트라의 이슬람화

주후 749년
· 요르단 전역 지진 강타

주후 12세기
· 십자군, 페트라 일시 점령

주후 13 ~ 19세기
· 폐허의 잊혀진 도시

주후 1812년
· 스위스의 탐험가 요한 부르크하르트, 마침내 페트라 발견

주후 1985년
· 유네스코 세계문화유산으로 지정

주후 2007년 7월 7일
· 신 세계 7대 불가사의, 2위로 선정

현재
· 연간 페트라 방문객 약 100만 명

출애굽과 에돔(Edom)

야곱의 쌍둥이 형, 에서가 곧 에돔

야곱에게 이르되 내가 피곤하니 그 붉은 것을 내가 먹게 하라 한지라 그러므로 에서의 별명은 에돔이더라 <창 25:30>

에서 곧 에돔의 족보는 이러하니라 / 창 36:1 두 사람의 소유가 풍부하여 함께 거주할 수 없음이러라 그들이 거주하는 땅이 그들의 가축으로 말미암아 그들을 용납할 수 없었더라 이에 에서 곧 에돔이 세일 산에 거주하니라 <창36:7-8>

야곱의 쌍둥이 형 에서의 별명은 에돔이다. 성경은 야곱과 에서의 '장자권 거래' 사건 당시 주고받은 '붉은 것 = 에돔'이라고 설명하고 있다. 에서의 별명은 에돔이 되었고, 에서 곧 에돔은 세일산으로 이동하여 거주했다. 야곱과 에서의 시대로부터 에돔은 요단강 기준 동편에 정착했는데, 북으로는 모압(롯의 자손) 왕국과 세렛 시내를 경계로 하였다. 남으로는 홍해만의 에시온 게벨(현재의 요르단 항구 도시 아카바)을 미디안과 경계로 하였다. (참고로 모세가 이집트(애굽)을 도망쳐 나와 40년 동안 광야 생활했던 곳이, 바로 이곳 미디안이다. 이곳(광야의 서쪽 호렙 산)에서 하나님의 부름을 받았다.

출애굽한 모세와 이스라엘, 그리고 에돔

모세가 가데스에서 에돔 왕에게 사신을 보내며 이르되 당신의 형제 이스라엘의 말에 우리가 당한 모든 고난을 당신도 아시거니와 / 민20:14 우리가 여호와께 부르짖었더니 우리 소리를 들으시고 천사를 보내사 우리를 애굽에서 인도하여 내셨나이다 이제 우리가 당신의 변방 모퉁이 한 성읍 가데스에 있사오니 청하건대 우리에게 당신의 땅을 지나가게 하소서 우리가 밭으로나 포도원으로 지나가지 아니하고 우물물도 마시지 아니하고 왕의 큰길로만 지나가고 당신의 지경에서 나가기까지 왼쪽으로나 오른쪽으로나 치우치지 아니하리이다 한다고 하라 하였더니 <민 20:16-17>

에돔 왕이 이같이 이스라엘이 그의 영토로 지나감을 용납하지 아니하므로 이스라엘이 그들에게서 돌이키니라 /민20:21

모세는 에돔 왕에게 사신을 보내어 왕의 큰길(이하 왕의 대로)을 요청하였으나 에돔 왕은 완강하게 거부했다. 모세와 이스라엘은 어쩔 수 없이 그들에게서 돌이켰다. 에서의 자손(에돔)과 다투지 말라고 하셨기 때문이다.

너희가 이 산을 두루 다닌 지 오래니 돌이켜 북으로 나아가라 너는 또 백성에게 명령하여 이르기를 너희는 세일에 거주하는 너희 동족 에서의 자손이 사는 지역으로 지날진대 그들이 너희를 두려워하리니 너희는 스스로 깊이 삼가고 그들과 다투지 말라 그들의 땅은 한 발자국도 너희에게 주지 아니하리니 이는 내가 세일 산을 에서에게 기업으로 주었음이라 <신2:3-5>

오직, 왕의 대로를 요청한 모세

모세는 오직 '왕의 대로'를 요청했다는 점을 주목해 볼 필요가 있다. 왕의 대로가 성경에 처음 언급되는 대목이기도 하다. 일반 사료에 따르면 왕의 대로는 아브라함 시대 훨씬 이전부터 존재했다. 출애굽 당시 요단강 동편(현재의 이스라엘)에는 지중해 해안선을 연해 발달한 해안 길(Via Maris)이, 요단강 서편에는 평탄한 광야 고원 위 주요 오아시스들을 연결한 왕의 대로(King's highway)가 있었다. 두 길은 고대 근동 지역?에서 가장 오래된 길들이었지만, 쓰임새는 사뭇 달랐다. 해안 길이 고대 근동 제국들의 전쟁로였다면 왕의 대로는 사막 대상들의 무역로였다. 왕의 대로는 다수 인구가 동시에 이동하기에 가장 적합한 길이었는데, 무엇보다 충분한 물을 구할 수 있는 오아시스 도시들이 포진해 있었기 때문이었다. 한편, 모세는 왕의 대로에 관해 잘 알고 있었던 듯하다. 에돔 뿐만 아니라 모압에게도, 심지어 가나안으로 들어가는 마지막 관문을 지키고 있던 아모리족 헤스본 왕 시혼에게도 같은 요청을 했다. 오로지 왕의 대로만 지나가겠다는 것이었다. 더욱이 모세는 왕의 대로를 요청함에 자의적, 주도적이다. 그런데 성경 어디에도 모세가 그 길을 어떻게 알았는지, 왜 오직 그 길을 요청했는지에 대한 설명이 없다.(어쩌면 에돔 바로 아래, 미디안에서 피신한 40년 동안 왕의 대로에 대해 자세히 들었던 건 아닐까?)

아무튼, 모세는 다시 한번 물을 마시면 그 물값을 내고 지나가겠다고 재청했지만, 에돔은 완강히 거부했다. 모세 간청의 핵심은 '길'과 '물'이었다. 이 사건 직전에 있었던 사건이 바로 모세가 가나안에 들어가지 못하게 된 '므리바 물'이다. 생각해 보면 모세는 항상 이 '물(마실 물, 강, 바다)' 앞에서 운명의 기로(?)에 섰다.

이스라엘 자손이 이르되 우리가 큰길로만 지나가겠고 우리나 우리 짐승이 당신의 물을 마시면 그 값을 낼 것이라 우리가 도보로 지나갈 뿐인즉 아무 일도 없으리이다 하나 <민 20:19>

모세와 이스라엘은 에돔을 어떻게 우회했나?

에돔 왕이 모세의 청을 거절한 후에 모세와 이스라엘은 에돔에서 돌아섰다. 민수기 20장의 기록에 따라 모세와 이스라엘은 가데스를 떠나 호르산으로 이동했고, 거기에서 모세의 형 아론은 하나님의 명에 따라 죽어 장사되었다. 아론이 죽어 장사된 후 이스라엘은 호르 산에서 출발해 홍해 길을 따라 에돔 땅을 우회하려 했다.

백성이 호르산에서 출발하여 홍해 길을 따라 에돔 땅을 우회하려 하였다가 길로 말미암아 백성의 마음이 상하니라 <민 21:4>

아쉽게도 성경에는 우리가 정말 궁금해하는 부분이 생략되어 있다. 정확한 에돔 땅 우회 경로 말이다. 이 퍼즐에 대한 성서학자들의 의견이 분분하다. 다만 에돔을 완전히 우회한 이후 경로는 성경이 말해 주고 있다. 진행로 상 다음 왕국 모압은 '해가 뜨는 쪽 동쪽'으로 돌았다. 민수기에도 기록되어 있지만, 놀랍게도 사사기에 해당 내용이 기록되어 있다. 사사입다는 선조 이스라엘의 이동로를 요약, 증언하고 있다.

이스라엘이 애굽에서 올라올 때에 광야로 행하여 홍해에 이르고 가데스에 이르러서는 이스라엘이 사자들을 에돔 왕에게 보내어 이르기를 청하건대 나를 네 땅 가운데로 지나게 하라 하였으나 에돔 왕이 이를 듣지 아니하였고 또 그와 같이 사람을 모압 왕에게도 보냈으나 그도 허락하지 아니하므로 이스라엘이 가데스에 머물렀더니 그 후에 광야를 지나 에돔 땅과 모압 땅을 돌아서 모압 땅의 해 뜨는 쪽으로 들어가 아르논 저쪽에 진 쳤고... <삿 11:16-18>

옛 에돔, 그 현장에서 듣는 설명

▶ 와디 무사 - 모세와 이스라엘이 지나갔을까?

현지인들은 페트라를 '와디 무사(Wadi Musa)'라고 부른다. '모세의 건천'이란 뜻인데, 지역 전승에 따라 출애굽한 모세와 이스라엘이 이곳 - 페트라를 통과하였다고 전하기 때문에 붙여진 이름으로 추정한다. 한편, 실제 이스라엘이 이곳을 지나갔을 가능성은 희박하다. 페트라의 위치가 애매하기 때문이다. 페트라는 당시 보스라를 수도로 했던 에돔 왕국의 변방이긴 하지만 여전히 에돔 영토 안쪽이다. 또한, 페트라는 왕의 대로 바로 곁에 있기 때문에 - 만약 이곳을 지났다면 왕의 대로를 지나간 셈이다. 왕의 대로를 이용하지 못했다는 성경 기록처럼 이스라엘이 이곳을 지나갔을 가능성은 매우 희박하다. 그럼 성지 순례자의 페트라 방문은 어떤 의미가 있을까? 페트라 일대는 성경이 말하는 에서와 에서의 후손 에돔의 터(세일 땅)였다. 이것에 주목하자. 성경에 이스라엘의 대적으로 자주 등장하는 에돔이 살아간 거주지(세일 땅과 산지)의 형태가 주로 높은 바위와 바위들로 이루어진 협곡이란 점이다. 척박한 땅으로 농사가 어렵고, 목축만 가능하다. 지역 특성상 약탈이 빈번하게 발생했다. 에서가 야곱을 만나러 향한 출발지가 세일 땅 에돔 들이었다.(창32:3) 아직 형 에서가 장자권을 뺏긴 앙금이 남았을 것이란 추정과 더불어, 에서가 살던 땅의 흉흉한 소식이 야곱을 더 두렵게 하지는 않았을까?

특히 오바댜서는 에돔의 멸망을 예언하고 있는데, 성경에서 에돔의 설명을 떠올려 보면서 페트라 현장을 걸어보면 느낌이 새롭다. 다른 성경 말씀에서도, 에돔 하면 딱 떠오르는 이미지가 바로 페트라에서 본 그 붉고 높은 바위들이면 성경이 좀 더 입체적으로 다가오지 않을까?

...바위 틈에 거주하며 높은 곳에 사는 자여 네가 마음에 이르기를 누가 능히 나를 땅에 끌어내리겠느냐 하니 <옵 1:3>

▶ 페트라 변방에 아론이 죽은 호르 산이 있다던데?

결론부터 말하자면, 이 또한 추정지 중 한 곳이다. 페트라에는 '제벨 하룬(Jebel Haroun_해발 1,270m)'이란 바위산이 있는데, '제벨 하룬'은 '아론의 산'이란 뜻이다. 아론은 모세의 형이자, 초대 대제사장이었다. 현지인들은 와디 무사와 함께 현지 전승에 따라 이곳을 바로 아론이 죽어 장사 된 곳 - 호르 산이라고 이야기한다. 제벨 하룬 정상에는 지금도 아론의 가묘가 있다. 페트라로 향하는 파노라마 뷰 포인트에서 제벨 하룬 정상에, 하얀 돔을 가진 기념 건물이 보인다. 바로 그 산이다.

▶ 페트라 변방에 있는 '모세의 샘'이 민수기 20장에 기록된 바로 그 '므리바'인가?

현지인들은 이곳을 '아윤 무사(Ayun Musa)'라고 부른다. '모세의 샘'이란 뜻이다. 그런데 요르단만 하더라도 '아윤 무사 - 모세의 샘'이 무척이나 많다. 전승에 따라 모세와 이스라엘이 지난 경로 나 진 쳤던 곳의 샘들에 붙여진 이름으로 본다.(참고로 느보산 아래에도 아윤 무사가 있다.) 현지인들도 이곳을 '므리바'라고 단정해서 말하지 않는다. 다만 유연하게 추정지 중 한 곳이라고 한다. 성경 기록상으로도 므리바일 가능성은 희박하다. 다만 특이하게 갈라진 바위와 그 아래로 터져 나오는 천연 샘은 바위를 쳐 물을 낸 사건을 연상하는 데 꽤 도움을 준다고 할 수 있다.

제벨 하룬 ©WIKIMEDIA COMMONS

아윤 무사, 페트라 인근 므리바 추정지

출애굽 당시 각 왕국 경계 (약식)
(주전 15~13세기경)

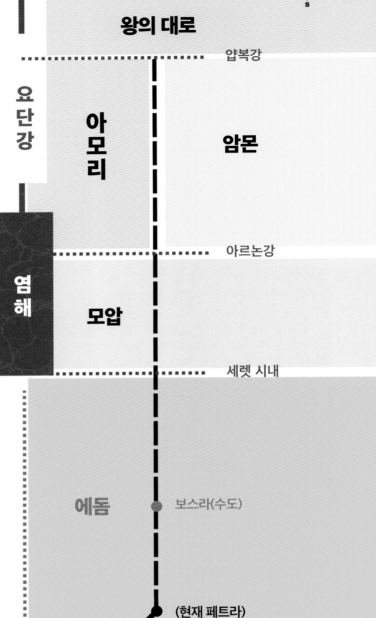

왕의 대로

얍복강

요단강

아모리

암몬

아르논강

염해

모압

세렛 시내

가나안

에돔

보스라(수도)

출애굽한 이스라엘 광야 유리

(현재 페트라)

바란 광야

에시온게벨

애굽

홍해

미디안

사도 바울과 아레다 왕

▶ 바울(사울)의 회심과 직후 행적 요약

- 예수님 사도 바울에게 나타나심(행:1-5, 갈17:16)
- 다메섹 도상, 바울의 회심과 세례 받음(행9:6-18)
- 다메섹 회당에서 즉시 복음 전파(행9:19-20)
- 즉시로 각 회당에서 예수가 하나님의 아들이심을 전파하니(사도행전 9:20)
- 회심 후 아라비아 향함, 이후 다메섹 복귀(갈17:17)
- 그 후 삼 년만(뒤)에 예루살렘 방문(갈17:18)

<갈 17:14-19>
14 하나님의 교회를 심히 박해하여 멸하고 내가 내 동족 중 여러 연갑자보다 유대교를 지나치게 믿어 내 조상의 전통에 대하여 더욱 열심이 있었으나 15 그러나 내 어머니의 태로부터 나를 택정하시고 그의 은혜로 나를 부르신 이가 16 그의 아들을 이방에 전하기 위하여 그를 내 속에 나타내시기를 기뻐하셨을 때에 내가 곧 혈육과 의논하지 아니하고 17 또 나보다 먼저 사도 된 자들을 만나려고 예루살렘으로 가지 아니하고 아라비아로 갔다가 다시 다메섹으로 돌아갔노라 18 그 후 삼 년 만에 내가 게바를 방문하려고 예루살렘에 올라가서 그와 함께 십오 일을 머무는 동안 19 주의 형제 야고보 외에 다른 사도들을 보지 못하였노라

사도 바울은 본인이 기록한 갈라디아서에, 회심 이후 아라비아로 향했다고 했다. 사도행전 9장에 사도 바울이 회심 후 그의 행적이 자세하게 기록되어있다. 그는 즉시 다메섹 회당에서 복음을 전파했다. 갈라디아서와 사도행전 기록을 정리해 보면, 사울(사도 바울)은 1)회심 후 즉시 복음을 전파했으며, 2)예루살렘으로 향하지 않고 아라비아로 향했으며, 3) 다메섹으로 돌아온 후 3년 뒤에 예루살렘으로 갔다.

▶ 왜 페트라 아레다 왕이 사도 바울을 잡으려 했나?

'왜?'라는 질문에 성서학자들도 의견이 갈린다. 어떤 학자들은 사도 바울이 향한 아라비아가 당시 아라비아 반도 전체를 그들의 영향권 안에 둔 '페트라 왕국'을 가리킨다고 추정한다. 이에

다메섹에서 아레다 왕의 고관이 나를 잡으려고 다메섹 성을 지켰으나 나는 광주리를 타고 들창문으로 성벽을 내려가 그 손에서 벗어났노라 / 고후11:32-33

페트라에 사도 바울이 다녀갔을 것이라는 추정에 이른다. 당시 '페트라'는 '아라비아'를 대표, 대신하는 말로 쓰이기도 했다. 우리가 가끔 '서울'을 '대한민국'을 대표, 대신하여 사용하는 격이다. 사실, 굳이 사도 바울의 아라비아가 페트라를 특정하는 것이 아니더라도, 이 대목을 이해하는 것에는 큰 어려움이 없다.(다만 페트라의 왕 - 아레다 왕이 갑자기 등장한 배경이 조금 궁금하긴 하다.) 필자는 개인적으로 사도 바울의 '아라비아'를 '광야'로 치환하여 묵상해 보기를 추천한다. 의미상으로 보나, 실제로 보나 '아라비아'는 전 지역이 그야말로 '광야'다. 그리고 그 '광야(미드바르)'에는 '하나님의 말씀(다바르)'이 있기 때문이 아니었을까?

사도 바울이 다메섹, 아라비아에 있었을 때, 이 지역(왕의 대로 따라 다메섹 남방까지)을 장악, 통제했던 것은 강력한 나바테아-페트라 왕국이었다. 당시의 페트라 왕이 아레타스 4세(Aretas IV; 성경의 아레다 왕)다. 이 아레다 왕이 사도 바울을 잡으려고 고관을 보냈다. 사건의 경위를 정확히 알 수 없지만, 사도 바울 회심 후의 행적이 힌트가 되지 않을까 싶다. 사도 바울은 회심 직후 '예수 그리스도 - 복음'을 전하기 시작했다. 그것도 유대교 회당에서 말이다. 한편, 페트라는 '두샤라(Dushara_그리스 로마 신화의 제우스에 해당)'를 중심으로 한 극심한 다신교 사회였다. 페트라의 보물- 알 카즈네가 바로 그 증거다. 알 카즈네 아래쪽에는 제우스의 두 아들이, 위쪽에는 이시스를 비롯한 이집트 여신들의 부조가 포진해 있다. 여러 대륙, 지방 대상들이 페트라와 아라비아를 드나들며 수없이 많은, 각자의 신들을 들여왔을 것이다. 문득 사도행전 19장에 기록된 사도 바울의 '에베소 - 아데미 신상' 대소동 사건이 생각난다. 회심 직후 '성령에 불타는 사도 바울'이, 페트라를 포함한 아라비아에 전역에서 행해지던 이런 우상 섬김을 차마 눈뜨고 볼 수 있었을까?

에베소에서 일어난 소동

<행 19:26-29>
26 이 바울이 에베소뿐 아니라 거의 전 아시아를 통하여 수많은 사람을 권유하여 말하되 사람의 손으로 만든 것들은 신이 아니라 하니 이는 그대들도 보고 들은 것이라 27 우리의 이 영업이 천하여질 위험이 있을 뿐 아니라 큰 여신 아데미의 신전도 무시 당하게 되고 온 아시아와 천하가 위하는 그의 위엄도 떨어질까 하노라 하더라 28 그들이 이 말을 듣고 분노가 가득하여 외쳐 이르되 크다 에베소 사람의 아데미여 하니 29 온 시내가 요란하여 바울과 같이 다니는 마게도냐 사람 가이오와 아리스다고를 붙들어 일제히 연극장으로 달려 들어가는지라

자투리 성경 상식 : 에서, 에돔, 이두매, 헤롯 왕가

에돔에서 이두매, 헤롯 왕가까지 한번에 정리하기

명칭	장소(지역)	참고
에서	세일 (광야산지)	에돔 시조
에돔	보스라 (수도)	에서 별명이자 후손(B.C.533 멸망/ 신 바벨론)
이두매	네겝 (유다 남방)	나바테아에게 밀려남(신 바벨론 침략 이후 ~)
헤롯 왕가	예루살렘	요한 힐카누스가 유대교로 강제 개종

©WIKIMEDIA COMMONS

203

그레코-로만(Greco-Roman) 도시

#2

제라시

별칭이 더 아름다운 도시

제라시(Jerash)는 요르단 북부의 유서 깊은 도시 중 하나로, 암만에서 북쪽으로 약 45km, 차량으로 약 1시간 거리다. 로마 시대에 거라사(Gerasa)로 불렸던 이 도시는, 7세기 이슬람이 지배하면서 제라시로 불리기 시작했다. 제라시를 부르는 다른 이름은 '중동의 폼페이', '1천 기둥의 도시'다. 전자는 베수비오 화산폭발로 멸망했다는 고대 로마제국의 화려했던 도시를 뜻하며, 후자는 그 도시의 규모가 어떠했는지 짐작할 수 있는 기둥의 수를 뜻한다. 기둥의 수는 곧 건물의 수다. 1천 개의 기둥이 받치는 건물과 그 건물들이 밀도 있게 조화된 거리와 도시! 제라시는 중동에서 마주하는, 마치 거짓말 같은 고대 로마 제국 최대 유적지다.

우연한 발견으로 드러난 거대 도시

'진짜 로마를 보려면, 로마로 가지 말고 제라시로 가라!'

제라시는 요르단의 자랑이자, 요르단 북부의 제1 관광지다. '제라시 - 영원히 잊혀진 도시'가 될 뻔한 운명에서 벗어나게 해준 건 한 여행자였다. 19세기 초, 이 지역을 탐방하던 독일 여행자 울리히 야스퍼 세첸(Ulrich Jasper Seetzen)은 우연히 폐허가 된 한 도시를 발견했다. 1925년 이 도시는 첫 발견된 후 20년이 지나서야 본격적인 발굴이 이루어졌다. 그리고 마침내 8세기, 9세기 연이은 두 번의 대지진으로 고스란히 땅속에 묻혀버린 그리스-로마식 도시가 속살을 드러냈다.

고고학자들은 대대적 발굴을 통해 2천 수백 년 전 세워진 이 도시가 최대 중흥기인 비잔틴 제국 시대에 이르러서는 도시 규모가 무려 80만㎡에 달했던, 최대 인구 2만여 명으로 추정되는 초거대 도시였음을 밝혀냈다. 그에 걸맞게 발굴 내용도 남달랐다. 주후 129년 로마제국의 14대 황제 하드리아누스의 거라사 방문에 맞추어 세워진 개선문을 위시하여, 1만 5천여 명의 관중을 수용할 수 있는 히포드롬(로마식 전차 경기장), 제우스 신전, 아르테미스 신전, 5천석 규모의 대극장들, 도시에 끊임없이 물이 넘쳐흐르게 했던 웅장한 님페움, 대규모 대중목욕탕, 20개 이상의 대형 교회터, 대규모 이슬람 모스크, 도시를 가로지르는 대로(카르도 막스)와 그 위, 아래를 흐르는 완벽한 상하수도 설비 등 현대에 잘 설계되어 세워진 도시에 비견해 손색없을 완벽한 도시가 차례로 드러났다. 일부 구조물은 무려 1천 수백 년이란 세월을 지났음에도 당시의 완벽한 구조물 그대로 남아있었다. 더욱 놀라운 점은 본격적인 발굴이 시작된 지 한 세기가 지났음에도 유적 전체 규모 대비 채 30%도 발굴하지 못했다는 점이다.

'헬레니즘'이 기반인 열 개의 도시 - 데카폴리스(데가볼리)

최초 알렉산더 대왕의 헬라 제국 시대(기원전 331년경)에 건설된 이 도시(폴리스)들은 알렉산더 대왕 사후 분열 헬라 제국에 이르기까지 군사, 헬레니즘 문화, 상업 및 교역 거점 도시로 성장했다.

63 B.C 로마의 폼페이 장군은 시리아와 팔레스타인을 정복한 후 이 열 개의 도시들에 자치권을 부여했다. 이때 가다라(현재 움카이스), 거라사(현재 제라시), 펠라 및 스키토폴리스(현재 이스라엘 벧샨) 등의 데카폴리스들이 유다 - 하스몬 왕조(Hasmonean dynasty)의 속주에서 해방되었다. 한편, 이 '열 개의 도시 - 데카폴리스'는 자치권이 있었지만, 도시 방어와 교역 안전성을 도모하기 위해 긴밀한 동맹 체제를 유지했다.

데가볼리와 예수님

갈릴리와 데가볼리와 예루살렘과 유대와 요단강 건너편에서 수많은 무리가 따르니라 <마4:25>
예수께서 다시 두로 지방에서 나와 시돈을 지나고 데가볼리 지방을 통과하여 갈릴리 호수에 이르시매 <막7:31>

성경에 따르면 예수님도 필요에 따라 데가볼리(데카폴리스)를 통하셨다. 예수님이 데가볼리 지방에서 행하신 치유의 기적 갈릴리 호수 건너편 거라사(또는 가다라)지방에서 군대 귀신 들린 사람들을 고치신 사건은 마태, 마가, 누가 복음 세 공관 복음서에 자세히 기록되어 있다.

데카폴리스 목록

요르단(Jordan)
1. 필라델피아(Philadelphia, 현재 암만 - Amman)
2. 게라사(Gerasa, 현재 제라시 - Jerash)
3. 펠라(Pella, 현재 Tabaqat Fahl)
4. 가다라(Gadara, 현재 움 카이스 - Umm Qais)
5. 라파나(Raphana, 현재 Abila 추정)
6. 디움 - 디온(Dium - Dion, 현재 Aydoun 추정)
7. 히포스(Hippos - 현재 이스라엘 영토)
8. 카나타(Canatha - 현재 시리아 영토)

이스라엘(Israel)
9. 스키토폴리스(Scythopolis, 현재 벧샨 - Beit She'an)
*요르단강 서편의 유일한 데카폴리스

시리아(Syria)
10. 다마스쿠스(Damascus, 현재 시리아 수도)

제라시(거라사)의 메인 - 오발(OVAL) 광장과 열주대로(카르도 막스)

제라시 '핵심' 둘러보기

▶ 하드리아누스의 아치(Arch of Hadrian)
주후 129년 로마 제국 14대 황제 하드리아누스의 제라시 방문을 기념하여 세운 기념물로, 제라시 유적으로 들어서는 관문이다. 3개의 아치로 구성된 개선문은 높이가 21m에 달한다. 아치는 전통적인 아칸서스 잎을 기반 모티브로, 이에 나바테아 양식을 더한 형태로 비전통적이며 독특하다. 본 도시의 남문과는 약 460m 거리에 있다. 남문 - 하드리아누스의 아치는 당시에는 데가볼리 - 필라델피아로 불렸던, 현재의 암만으로 향하는 관문이었다.

▶ 히포드롬(Hippodrome)
길이 약 265m, 폭 약 76m에 달하는 로마식 대형 전차 경기장으로, 주후 1세기에서 3세기 사이에 건설된 것으로 추정한다. 동시에 약 1만 5천 명의 관중을 수용할 수 있는 규모로, 도시의 인구를 짐작할 수 있는 힌트를 준다. 1959년 미국에서 개봉한 서사 영화 벤허(Ben-Hur)의 스릴 넘쳤던 전차경기를 회상해 보면 감동이 더욱 풍부해진다. 히포드롬을 들어서서 왼쪽을 바라보면 중앙의 거대 아치를 중심으로 10개의 아치가 좌우로 각각 5개씩 늘어서 있는데, 이곳이 바로 긴장감이 감도는 말과 전차들의 출발점, 카르케레스 - 스타팅 박스(Carceres - Starting boxes)였다.

▶ 제라시 방문자 센터(Jerash Visitor Center)
남문을 직전에 있는 제라시 방문자 센터는 제라시 유적에서 발굴된 유물들을 규모 있게 전시하고 있다. 제라시 방문자들에게 무료로 열려 있으므로, 시간이 있는 여행자라면 꼭 들러보면 좋다. 무엇보다 본격적으로 제라시 유적을 돌아보기 전에 방문자 센터의 화장실을 이용하면 좋다.(참고로 남문 이후로는 위생 시설이 없다.)

▶ 남문(South gate)
남문 또한 하드리아누스 황제의 도시 방문에 맞추어 건축되었다. 하드리아누스의 아치와 유사한 것은 그 때문이다. 주후 3세기 말 ~ 4세기 초, 남문을 연이어 도시의 성벽이 건축되었는데 그 규모가 대단하다. 거라사(제라시) 도시를 둘러싼 성벽의 길이는 약 3.5km, 평균 두께는 약 3m에 달했다. 남문을 들어서면 왼쪽으로는 올리브기름을 짰던 거대한 오일 프레스(연자 맷돌)의 흔적이 남아있고, 정면 우측으로는 도시에서 가장 목이 좋은 수크(Souq, 아랍어로 시장이란 뜻)가 있었다. 남문은 제라시 도시 방문 시작점이자 도착점이다.

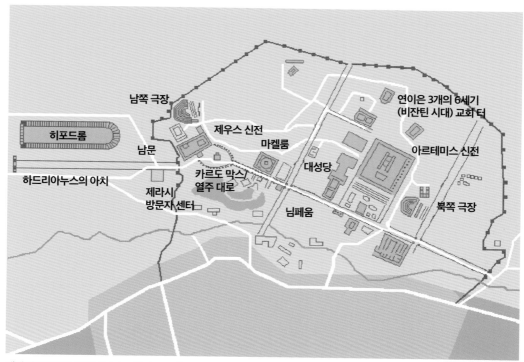

제라시(거라사) 지도 ©Hobe / Holger Behr

제라시 방문자 센터 근처 언덕에서 바라본 히포드롬(전차 경기장) 전경
저 멀리 하드리아누스의 아치와 전차 출발점 카르케레스가 보인다.

▶ 오발(타원) 광장(Oval Plaza)

도시의 최대, 중심 광장(포럼)으로 56개의 돌기둥이 둘러싸고 있다. 4분절로 쌓아 만든 각각의 기둥 위에는 연이은 처마도리가 약간의 간격을 두고 올려져 있는데 보기도 좋지만, 그 기능이 참 놀랍다. 각 기둥이 4분절로 구분되어 있는 것은 지진에 대비한 '내진'설계이며, 서로 간 간격을 둔 처마도리는 지진 시 진동으로 서로 부딪히며 도시에 지진을 알리는 일종의 '지진 경보' 장치였다. 타원형 광장의 형태는 도시의 남북을 가로지르는 '카르도 막스'로 연결, 열려있어 도시 인구 이동이 자연스럽게 대로로 유입되도록 유도한다.

▶ 카르도 막스(Cardo Maximus)

800m에 달하는 대로는 도시의 남북을 가로지른다. 카르도 막스의 북쪽 끝 - 북문은 다마스쿠스를 향하고, 남쪽 끝은 당시에 '필라델피아'로 불렸던 현재의 암만을 향한다. 대로의 양쪽에는 돌기둥들이 질서 있게 줄지어 서 있는데, 이러한 모습에 '열주대로' 또는 '석주대로라'고 부른다. 열주대로는 인도와 차도로 나뉘어 있고, 차도에는 그 옛날 로마 시대에 다녔던 전차 바퀴의 흔적이 남아 있다. 그 아래에는 하수도 시설을 두었다. 차도 중간 중간에 둥근 돌 뚜껑을 발견할 수 있는데 이는 현대의 쇠로 만든 맨홀 뚜껑과 비견된다. 길게 늘어선 열주들 가운데, 유난히 높고 큰 기둥들이 보인다면, 그곳이 도시를 대표하는 주요 건축물 들이 있는 곳이다.

▶ 마켈룸(The Macellum)

마켈룸은 고대 로마에서 지붕이 있는 실내 시장(indoor market)을 의미한다. 마켈룸에서는 주로 고기와 생선을 팔았다. 마켈룸은 원래 가로세로 약 50미터 면적의 지붕이 있는 2층 규모였다. 지붕은 주로 향나무를 사용하여, 고기 피비린내나 잡내를 흡수, 정화하는 역할을 했다고 한다. 중앙에는 팔각형 분수대가 있었는데, 건축물의 아름다움을 더하는 요소이기도 했지만, 고기 시장의 특성상 청결과 위생이 중요하므로 관수(灌水)는 필수 장치였을 것이다. 마켈룸의 흔적은 분수대보다 더 안쪽의 벽감에서 발견할 수 있는데, 돌로 만든 거대한 도마이자 판매대인 - 마켈룸 멘세(macellum mensae)와 그 돌도마를 지지하는 서포트가 아직 남아있다. 테이블 서포트에는 사자, 사슴, (멧)돼지의 부조가 장식되어 있다.

▶ 대성당(Church complex of the Cathedral)

최초 디오니소스 신전으로 지어진 터에는 비잔틴 제국시기 기독교 세력(4세기 중엽 ~ 7세기 초)이 교회로 개조한 대성당이 남아 있다. 비잔틴 시대에는 이 대성당을 포함하여 20여 개 이상의 교회가 도시에 존재했다. 4 중엽부터 주교좌가 있는, 그야말로 기독교 도시였다. 이는 4세기 말 테오도시우스 황제에 의한 로마 제국의 기독교 - 국교화가 다신였던 로마 제국과 로마 속주 전역에 가져온 놀라운 변화였다. 대성당 내에는 예수님의 첫 기적인 물이 포도주된 사건(가나의 혼인잔치 ; 요한복음 2:1-12)을 기념하는 우물이 있는데, 당시에는 그 기적을 기념하는 날마다 그 우물이 기적적으로 포도주로 변했다는 전승이 있다.

▶ 님페움(Nymphaeum) / 대중목욕탕(Public bath)

당시 제라시의 자랑 중 자랑은 '도시에 끊임없이 흐르는 물'이였을 것이다. 연간 강수량이 400mm밖에 되지 않는 척박한 산악 지방에 세워진 도시란 점을 고려할 때 도시의 탁월한 관수(물을 끌어 대는) 능력을 엿볼 수 있다. 물이 항상 쏟아지는 님페움과 대규모 대중목욕탕이 바로 탁월한 도시 관수 시스템의 좋은 예이다. 한편, 님페움은 샘(물)의 요정(신)에게 헌정된 사원이다. 웅장한 님페움, 7개의 사자 머리에서 쏟아진 물은 아래쪽 수반으로 떨어지고, 수반에서 떨어진 물은 다시 대중목욕탕으로 흘러갔다.

카르도 막스(Cardo Maximus) 열주대로

카르도 막스?

카르도(Cardo)는 고대 로마의 도시 계획의 기본이자 필수 요소인 도시 내 큰길(Avenue, Boulevard)을 말한다. 카르도 막시무스(Cardo maximus) — 줄여서 카르도 막스(Cardo Max) — 는 도시의 주요 거리, 또는 도시 중앙에서 남-북을 잇는 거리였다. 로마는 도시를 건설하거나 군사 캠프를 설치할 때 카르도를 먼저 설계하고, 이 카르도를 중심으로 도시 또는 군사 진영을 배치했다.(예루살렘 성내에도 카르도 막스가 있다.) 카르도 (Cardo Maximus)는 라틴어 어원으로 '경첩(힌지)_Hinge' 또는 '축_Axis'이란 뜻을 가진다. 그리스어 어원으로는 '심장_ Καρδιᾱ(Kardia)'에서 파생된 단어다. 어원과 같이, 카르도는 그야말로 도시의 종교, 정치, 경제의 '축' , '심장'과 같은 역할을 했다. 한편, 도시의 동서를 잇는 큰길은 다쿠마누스 막시무스(Decumanus Maximus)라고 한다. 제라시의 경우 카르도 막스 최남단에 포럼(오발 광장)이 위치하지만, 로마의 전형적인 도시 구조는 카르도 막시무스와 다쿠마누스 막시무스의 교차점인 메인 교차로에 포럼(광장)이 위치한다.

'고기 시장' - 마켈룸의 도마와 부조가 독특한 지지대

도시 풍요의 상징 - 넘쳐 흐르는 '물'- 님페움

▶ 아르테미스 신전(The Sanctuary of Artemis)

도시의 가장 높은 곳에, 가장 크게 세워진 신전으로, 아르테미스는 제라시의 주신이었다. 도시의 주신을 모시는 신전답게 가장 아름답게 건축, 장식되었다. 제라시의 신전들 가운데 그 원형이 가장 잘 남아 있으며, 주두를 코린트 양식으로 장식한 총 12개의 거대한 기둥 중 11개의 기둥은 그 자리를 지키고 있다. 신전 내부, 신상 안치소에 있었던 아르테미스 조각상은 12세기 이 도시를 점령한 십자군 예루살렘 왕 볼드윈 2세가 신전을 불태우면서 사라졌다.

▶ 연이은 3개의 6세기(비잔틴 시대) 교회 터(Church complex)

예수님께 세례를 베푼 순교자 세례 요한(The Church of Saint John the Baptist)에게 헌정된 교회를 중심으로, 북으로는 4세기에 순교한 아랍 의사이자 쌍둥이 형제였던 성 코스마스와 다미안에게 헌정된 교회(The Church of Saints Cosmas and Damian)가, 남으로는 로마 군인이자 순교자였던 성 조지(The Church of Saint George)에게 헌정된 교회의 흔적이 남아 있다. 이들은 예수님 시대로부터 4세기에 이르는 위대한 초기 기독교 순교자들에게 헌정된 교회들이다. 각 교회의 바닥에는 정교하고 아름다운 모자이크가 있다.

▶ 남쪽 극장(South Theatre)

오천석 규모의 대극장은 1세기 말, 로마 제국의 도미키아누스 황제 시기에 최초 착공됐다. 사료에 따르면 제라시의 부유한 시민이 건축 자금을 기부하여 완공된 것으로 전해진다. 카베아(Cavea, Auditorium, 반원형 관객석)은 관중의 지위에 따라 좌석이 정해지는데, 공연 무대가 가까운 쪽이 고위층을 위한 자리였다. 로마 시대 극장은 제국 시민의 우민화를 통한 황제 권력을 강화하는 수단이자, 제국 쇠망의 한 주요 요인으로 지목된 '빵과 서커스(Panem et Circenses)' 문화의 중심이었다.

▶ 제우스 신전(Sanctuary of Zeus Olympios)

남문 바로 근처에 세워진 신전으로 아르테미스 신전과 더불어 제라시에서 가장 웅장하고 존재감 있는 건축물이다. 주전 1세기 초 첫 신전 터가 있었던 자리에 주후 162년경 현재의 제우스 신전이 건축되었다. 이 신전은 5세기 중엽에는 기독교 수도사들의 수도원으로 사용되기도 했다. 주후 749년, 제라시 일대를 강타한 지진으로 제우스 신전과 더불어 도시 전체가 폐허가 되었다.

한편, 제우스 신전은 제라시 방문자에게 특별한 선물을 준다. 중동의 폼페이, 1천 기둥의 도시를 한눈에 담을 수 있는 파노라마 뷰가 바로 그것이다. 자, 이제 높은 신전 터에 올라 경이로운 도시의 풍경을 마음껏 담아 보자.

제우스 신전 파노라마 뷰 포인트

예수님과 '데가볼리'

> **또 예수께서 건너편 가다라 지방에 가시매 <마8:28>**
> When he arrived at the other side in the region of the Gadarenes / Matthew 8:28(NIV)
>
> **예수께서 바다 건너편 거라사인의 지방에 이르러 <막 5:1>**
> They went across the lake to the region of the Gerasenes(NIV) / Mark 5:1(NIV)
>
> **그들이 갈릴리 맞은편 거라사인의 땅에 이르러 <눅 8:26>**
> They sailed to the region of the Gerasenes, which is across the lake from Galilee / Nuke 8:26(NIV)

'거라사 광인' 치유 사건, 마태는 왜 '가다라'로 달리 특정했나?

신약 성경 마태복음 8장, 마가복음 5장, 누가 복음 8장 세 공관 복음서에는 예수님께서 거라사인의 지방 또는 가다라 지방에서 행하신 귀신들린 자들을 치유하신 기적이 자세하게 기록되어 있다.

그런데 한 가지 특이한 점은 마가복음과 누가복음에는 이 기적을 행하신 장소가 '거라사인의 지방(땅)'으로 기록된 반면, 마태복음은 '가다라 지방'으로 달리 기록하고 있다는 점이다. 이 의문점에 해결하기 위해 저명한 성서학자들의 설명을 빌려 보자. 결론부터 말하자면 복음서 저자들은 '메시지를 전하고자 하는 대상 – 수신자'가 누구인지 고려했다는 것이다.

갈릴리와 데가볼리와 예루살렘과 유대와 요단강 건너편에서 수많은 무리가 따르니라 <마 4:25>
그가 가서 예수께서 자기에게 어떻게 큰 일 행하셨는지를 데가볼리에 전파하니 모든 사람이 놀랍게 여기더라 <막 5:20>
예수께서 다시 두로 지방에서 나와 시돈을 지나고 데가볼리 지방을 통과하여 갈릴리 호수에 이르시매 <막 7:31>

마가복음과 누가복음은 그 대상(수신자)이 각각 로마인과 그리스인으로 '사건(event)'이 발생한 현장과 거리가 먼 곳의 이방인들이었다. 따라서 대상(수신자)들의 이해를 돕기 위해 당시 로마, 그리스인들이 알 만한 – '보다 널리 알려진 장소 – 거라사'를 사건의 현장으로 택했다는 것이다. 한편, 마태는 이 지역을 잘 알고 있는 유대인들을 대상으로 복음서를 기록하였으므로, 예수님의 행적 – 기적적 치유의 사건이 발생한 장소를 '콕' 찍어 이야기하고 있다는 설명이다. 한편, 거라사인들의 지방(현재의 움카이스)과 가다라(현재의 제라시) 지방은 인접한 곳으로 지리적으로 가까울 뿐만 아니라, 두 곳 모두 '헬레니즘 문화를 기반으로 한 갈릴리 동편의 이방 도시 – 데가볼리'였다. 이제 사건의 현장을 데가볼리(가다라, 거라사 지방)로 이해를 넓혀, 예수님이 행하신 기적과 그 사건에 담긴 메시지를 다시 한번 묵상해 보자.

예수께서 '데가볼리' 지방에 가셨을 때

신약 세 공관 복음서에 언급된 데가볼리 - 거라사, 가다라 위치
*갈릴리 = 긴네렛(구약) = 게네사렛, 디베랴 (신약)
*쿠르시 : 예수님 시대 또 다른 '거라사'로 추정되는 장소

거라사 광인 사건 발생 후보지 3개 소

귀신에 사로잡힌 두 사람(The Two Men Possessed with Devils) / James Tissot

예수님과 '두 명'의 '데가볼리' 광인

When he arrived at the other side in the region of the Gadarenes, *two demon-possessed men coming from the tombs met him. They were so violent that no one could pass that way. <Mat. 8:28>

예수님의 배(The Two Men Possessed with Devils) James Tissot ©Travellers & Tinkers, CC BY-SA 4.0, via Wikimedia Commons
1986년 갈릴리 북서 해안에서 발견된 A.D 1세기 - 예수님 시대의 것으로 추정되는 - 고대 갈릴리 배(The Ancient Galilee Boat). '예수님의 배(the Jesus Boat)'라고도 알려졌다.
/ The Yigal Allon Center(갈릴리), 이스라엘 박물관 소장

<마 8:18, 28-34>

18 예수께서 무리가 자기를 에워싸는 것을 보시고 건너편으로 가기를 명하시니라

28 또 예수께서 건너편 가다라 지방에 가시매 귀신 들린 자 둘이 무덤 사이에서 나와 예수를 만나니 그들은 몹시 사나워 아무도 그 길로 지나갈 수 없을 지경이더라

29 이에 그들이 소리 질러 이르되 하나님의 아들이여 우리가 당신과 무슨 상관이 있나이까 때가 이르기 전에 우리를 괴롭게 하려고 여기 오셨나이까 하더니

30 마침 멀리서 많은 돼지 떼가 먹고 있는지라

31 귀신들이 예수께 간구하여 이르되 만일 우리를 쫓아 내시려면 돼지 떼에 들여 보내 주소서 하니

32 그들에게 가라 하시니 귀신들이 나와서 돼지에게로 들어가는지라 온 떼가 비탈로 내리달아 바다에 들어가서 물에서 몰사하거늘

33 치던 자들이 달아나 시내에 들어가 이 모든 일과 귀신 들린 자의 일을 고하니

34 온 시내가 예수를 만나려고 나가서 보고 그 지방에서 떠나시기를 간구하더라

데가볼리에 관한 몇 가지 질문

Q&A

Q. 데가볼리(데카폴리스)에서 말씀(성경)이 정한 '부정한 동물인 돼지'를 키웠던 이유는?

A. 데가볼리는 그레코-로만 헬레니즘을 기반으로 한 도시로, 헤브라이즘 - 유대인 관점에서는 '이방인들의 도시'였다. 주전 63년, 로마의 폼페이 장군은 하스몬 왕국(Hasmonean dynasty)을 정복한 후 데가볼리를 해방하고, 도시 행정의 자유와 자치권을 허용했다. 한편, 데가볼리로 이주, 정착한 시민은 주로 그리스 사람, 로마 사람 등이었는데, 그들에게 돼지는 '가장 귀한' 음식 재료였다.

Q. 고대 그리스, 로마인들은 돼지고기를 즐겨 먹었나?

A. 사료에 따르면 고대 그리스, 로마인들은 돼지를 '50가지 맛을 가진 최고의 음식'으로 여겼다고 한다. 따라서 축제일에는 돼지고기가 빠질 수 없는데, 영국 역사가 에드워드 기번의 로마 제국 쇠망사(The History of the Decline and Fall of the Roman Empire / Edward Gibbon)에 따르면 주후 2세기경 로마 축제일은 120일, 주후 5세기에는 무려 175일에 달했다고 한다. 도시 축제의 날 수가 증가하는 만큼 돼지 수요 또한 증가했을 것이다.

Q. 데가볼리 도시 축제에 필요한 돼지 수량은?

A. 데가볼리 각 도시 규모와 거주 인구의 수는 차이 나지만, 요르단 거라사(제라시)의 경우를 예로 들어 보자. 역사학자들은 거라사(제라시) 도시 내 최대 거주 인구를 약 2만 5천여 명으로 추산한다. 군대 귀신이 들어간 약 2천여 마리의 돼지 떼는 도시 전체가 축제를 즐길 수 있는 돼지 소요량에 달한다.

Q. 고대 로마인들 돼지를 제사 제물로 썼나?

A. 그렇다. 로마 시대에도 돼지는 고대 그리스에서처럼 '풍요를 비는 제사'의 제물로 사용했다.

Q. 그럼 왜 하필 '돼지'인가?

A. 돼지 = 다산과 풍요의 상징

그리스 - 로마 신화를 잠깐 짚고 넘어가는 게 좋을 것 같다. 고대 그리스 올림포스 12신 중 '수확, 곡물, 다산, 계절'을 주관하는 신 '데메테르(Demeter)'를 주목해 볼 필요가 있다. 데메테르 석상(주전 4세기경)에서 보듯이 그녀는 '다산과 풍요의 상징'으로 돼지를 길렀다. '다수의 새끼 돼지가 어미의 젖을 먹는 모습'을 상상해 보면 그것이 '다산과 풍요'라는 단어와 잘 연상, 연결된다는 것을 쉽게 알 수 있다.

Q. 고대 제의에서 제물은 어떤 의미가 있나?

A. 고대 라틴어에 이런 말(공식)이 있다.

'do ut des' '네가 주기 때문에 나도 준다'

고대 그리스, 로마인들이 신과 계약을 맺는 관념을 잘 나타내는 말이다. '신께 나의 가장 귀한 것을 바치고, 소원하는 것을 얻는다'는 뜻이다. 그들은 그들 사고방식으로 제사를 지냈다. 가나안의 가증한 제사 '인신공양 (사람을 제물로 바치는 것)'도 같은 맥락이다.

애완 돼지를 쓰다듬고 있는 데메테르(BC 4세기)

화려한 로마식 식사를 보여주는 '트러플과 돼지' 모자이크 일명 '트로이 돼지'/ 로마 바티칸 박물관

풍요와 다산의 상징 돼지를 신전 제물로 사용한 그리스 -로마식 제의

돼지는 유다의 대로마 항쟁 - 마카비 혁명(BC 167-164, The Maccabean Revolt) 발단의 한 요인이기도 하다. 예루살렘을 차지한 셀류코스 헬라 제국 바실레우스 - 안티오코스 4세 에피파네스는 거룩한 성소에서 희생 제물로 돼지와 부정한 짐승을 바치도록 강제했다.

성소에서 번제물과 희생 제물과 제주를 바치지 못하게 하고, 안식일과 축제를 더럽힐 것. 이교 제단과 신전과 우상을 만들고, 돼지와 부정한 짐승을 희생 제물로 바칠 것. / 마카베오기 상권 1:45-46(가톨릭 성경)

고대 그리스-로마의 사상 '상호주의'

Do ut des(Give as you give)
- (네가) 주기 때문에 (나도) 준다
Do ut facias(Give as you do)
- (네가) 행하기 때문에 (내가) 준다
facio ut des(I do as you give)
- (네가) 주기 때문에 (내가) 한다
facio ut faicas(I do AS you do)
- (네가) 행하기 때문에 (내가) 한다

헬레니즘 = 상호주의

고대 그리스-로마인의 '헬레니즘'적 제의는 '네가 주기 때문에 나도 준다(Do ut des)'의 원칙에 따랐다. 그것이 신의 축복을 받는 방법이자, 관계의 핵심이라 생각했다. 헤브라이즘 - '헤세드 = 하나님의 일방적 은혜'

제라시 남쪽 극장

주후 14년, 로마 황제 카이사르 아우구스투스
말기(예수님 시대) 지중해 동편 로마 군단 현황
©Jack Keilo, CC BY-SA 3.0, via Wikimedia Commons

<막 5:9>
이에 물으시되 네 이름이 무엇이냐 이르되 내 이름은
군대니 우리가 많음이니이다 하고
And he asked him, What is thy name? And he answered,
saying, My name is *Legion: for we are many.

'레기온(legion)"
- 로마 제국 군단급 편제

예수님 시대 로마 제국 1개 군단 병력은 대략 5,000명
규모. 군단(군 편제)이란 단어는 라틴어로 레기오(Legio),
영어로 레기온(Legion).

로마 제국은 국경선을 따라 거점 지방 / 도시에 1개 군단급
병력을 배치했다. 예수님 - 로마 제국 통치 시대를 살았던
이스라엘 사람들은 레기온이란 말만 들어도 바로 '감'이 왔
을 것이다. 약 사오 천 명에 달하는 군단 - 레기온이란 단어
는 '셀 수 없이 많음'을 뜻하는 대명사이기 때문이다.
'군대'라는 이름을 가진 광인, 그 이름은 '군단 - 많은 수'와
'군대 - 강력한 힘'을 내포하고 있다. 광인 속에 귀신이 얼마
나 많이 있었을까? 약 2천여 마리의 돼지떼(막5:13)에게 들
어갔으니 최소한 그만큼의 수가 아니었나 짐작해 볼 수 있
다. 한편, 광인이 '쇠사슬을 끊고 고랑을 깨뜨렸음이러라(막
5:3-4)'는 것은 군대 귀신의 '강력한 힘'을 잘 묘사하고 있다.

이 많은 귀신은 다 어디서 왔나?

먼저 이 사건이 발생한 장소가 '데카폴리스 지방'이라는
것에 주목해 볼 필요가 있다. 데카폴리스는 알렉산더
대왕의 헬라 제국 시대(332 B.C) 부터 로마 제국 유다
지배 시기까지 정책적으로 유입, 토착화된 그리스-
로마의 신들이 이미 뿌리 깊게 자리잡은 헬레니즘
도시였다.(예수님 시대까지 350 년 이상)

헬레니즘의 도시 데가볼리에서는 주신급인 그리스 - 로마
올림포스 12신[특히, 비와 풍요를 주관하는 제우스(바알과
동일시되는 신)와 아르테미스(아데미)를 중심으로]과
'님프 - 산이나 강, 숲이나 골짜기 등 자연물에 머물며
그것들을 수호하는 신' 같은 조연급 신들도 신전을 세워
숭배했다.
거기에 가나안 - 바벨론 토착 신들(바알 등 가나안의 53 신
- 우가릿 문서 참조)을 더한다면, '군단 같은 수'의 주신들과
잡신들의 조합을 상상해 볼 수 있다.

가나안을 향하여 Mt. Nebo

3

느보산

모세가 바라본, 그 약속의 땅을 바라보며

느보산은 요르단의 관광 명소이자 로마 교황청에서 지정한 기독교 5대 성지 중 한 곳으로, 기독교인이건 아니건 요르단을 다녀가는 누구에게나 매력이 넘치는 장소다. 해발 710m 높이의 느보산 시야가(Siyagha) 봉우리에서 조망하는 지구에서 가장 낮은 곳, 사해(해발 -430m), 요단강이 흐르는 모압 평지 일대의 파노라마 풍경은 압권이다. 날이 좋은면 요르단강 건너편의 이스라엘 도시 - 여리고, 예루살렘, 베들레헴까지 조망할 수 있다.
구약성경 신명기와 민수기에 따르면 이스라엘을 이끌고 이집트(애굽)을 탈출한 위대한 지도자 모세는 바로 이곳, 느보산에서 생의 마지막 순간(신명기 34장)을 맞이했다. 따라서 기독인에게 모세의 마지막 행적이 남겨진 장소 - 느보산의 의미는 더욱 각별하다. 바라만 보았을 뿐 들어가지는 못했던, 성경 속 위대한 지도자 모세의 일기는 오늘 우리에게 어떤 메시지를 전하고자 했을까?

느보(산) 약사

주전 3,000년 경
· 인류 거주 흔적 - 산에 세워진 돌비석

주전 13세기
*출애굽한 모세와 이스라엘, 느보산 도착
· 모세, 느보산에서 죽다 (신 34:5)
· 느보, 르우벤 지파에게 할당 되다 (민32:37-38)

주전 9세기
· 모압 왕 메사, 느보 정복

주전 2세기
· 유대계 - 하스모니안(Asmonaeans), 느보에 정착

주후 2세기
· 로마의 아라비아 속주로 편입, 느보산 일대 주요 경로 복원

주후 4 ~ 5세기
· 기독교 수도원 주의(Christian Monasticism)

느보산 아래 모세의 샘 근처에서 발달
· 기독교 순례자들 방문(성지 순례) 시작
· 모세가 묻혔다고 믿어진 곳에 교회 세움

주후 6세기
· 느보산 일대에 대규모 수도원 및 대성당 건축
· 북쪽 세례당을 아름다운 모자이크로 장식

주후 7세기
· 성모 마리아 예배당(Theotokos) 건축

주후 638 - 642년
· 이슬람 군대, 느보를 포함한 레반트 정복

주후 749년
· 느보산을 포함한 요르단 계곡에 치명적 지진 강타

주후 8세기
· 교회와 수도원을 요새화된 건물로 재건

주후 9~10세기
· 이슬람 시기, 느보산 일대 영구 폐기(폐허 방치)

주후 19세기
· 서양 탐험가들 방치된 느보산 발견

주후 1932년
· 프란체스코회, 시야가(Ras Siyagha)를 포함한 느보산
2개의 봉우리 인수

주후 1933 - 1937년, ~ 1976년
· 느보산 일대 대대적인 고고학 조사 및 발굴

주후 2007 ~ 2016년
· 기존의 모세 기념관(기념 교회) 정비, 복원 후 재개관

미리 둘러보기

느보산 모세 기념관

성경 인물 기념비
(The people of the Book monument)

느보산 성지 입구를 들어서면 거대한 석비가 방문객을 맞이한다. 주후 2,000년 - 기독교 대희년(jubilee)의 해를 기념하며, 요르단 느보산을 방문한 교황, 성 요한 바오로 2세의 방문에 맞추어 건립되었다. 작품의 주제는 모세를 포함한 성경 속 위대한 인물들이다. 기독교인이라면 누구나 좋아하는 모세는 기독인만의 전유물(?)이 아니다. 모세는 3대 유일신 종교인 유대교, 기독교 그리고 이슬람교에서도 위대한 선지자이자 영적 리더로 존경받고 있다. 이탈리아의 천재적 조각가 빈센조 비안치(Vincnzo Bianchi)는 성경 속 인물들을 마치 한 권의 책과 같이 표현하였다. 기념비 정면 우측, 추상적으로 크게 표현된 한 선지자의 실루엣(모세로 추정)이 인상적이다. 기념비를 자세히 들여다보면 여러 성경 인물의 얼굴들을 발견할 수 있다. 마치 책의 한 페이지, 한 페이지를 구분해 둔 것 같은 우측면에는 작품의 제목과 같이 성경 속 주요 인물 이름들이 새겨져 있다. 거대한 작품의 원재료는 기념비가 서 있는 바로 그 터, 느보산에서 발굴된 돌멘(Dolmen, 고인돌 또는 묘석)이다.

기념비 읽어보기

기념비 전면(책 표지)에는 라틴어로 'unus Deus Pater omnium super omnes'이라 쓰여있다. 우리말로 번역하면 '모든 것 위에 뛰어나시며, 모두의 아버지 되시는 하나이신 하나님(One God, Father of all Who is above all)'이다. 기념비 측면(책 등)에는 그리스어로 '하나님은 사랑이시다'라고 쓰여있다. 기념비 뒷면에는 아랍어로 '하나님은 사랑이시다! 이것이 천국의 호소이며, 예언자들의 메시지다'라고 새겨져 있다. 다양한 언어로 새겨둔 의미 깊은 글들을 순서대로 붙여보면, 하나의 선명한 메시지가 드러난다.

> 모든 것 위에 뛰어나시며, 모두의 아버지 되시는, 하나이신 하나님은 - 사랑이시다.
> 이것이 바로 천국의 호소이자, 예언자들의 메시지다.

느보산 발굴을 통해 드러난 '굴림 돌(Rolling stone)'은 원래 요새화된 비잔틴 수도원의 문이였다고 한다.
누가 우리를 위하여 무덤 문에서 돌을 굴려 주리요
<막16:3>
이 굴림돌은 예수님이 십자가에 못 박혀 죽으시고, 부활하실 때까지 안치되었던 돌무덤의 입구가 어떠했을지 힌트를 준다. 아! 누가 우리를 위하여 이 큰 돌을 굴려 줄까!

느보산 시야가, 모세 기념관 비석   성서시대 무덤을 막았던 굴림 돌

모세와 느보산

모세 기념관, 기념 교회

구약의 가장 위대한 선지자이자 영적 지도자였던 모세를 기념하는 모세 기념관과 기념 교회는 사해의 북단(고대의 모압 평지)이 내려다보이는 엘 발카 고원(the el-Balqa plateau)의 서쪽 능선, 느보산 시야가 봉우리에 있다.

이에 여호와의 종 모세가 여호와의 말씀대로 모압 땅에서 죽어 벳브올 맞은편 모압 땅에 있는 골짜기에 장사되었고 오늘까지 그의 묻힌 곳을 아는 자가 없느니라 <신 34:5-6>

가톨릭 프란치스코회는 1932년 느보산 일대를 매입했다. 그리고 이듬해인 1933년, 예루살렘의 프란체스코 성서 연구단(Studium Biblicum Franciscanum)에 의해 성경에 명시된 느보산과 느보산에 남겨진 모세의 흔적, 그곳에 남겨져 있을 초대 교회의 흔적을 찾아 대대적인 고고학 발굴이 시작됐다. 이후 1976년까지 무려 30여 년 동안 느보산 발굴이 이루어졌으며, 역사적 자료들과 고고학 발굴 결과를 통해 주후 4세기 - 비잔틴 시대부터 모세에게 헌정된 교회의 터와 주변의 수도원 터를 확인했다. (사료에 따르면 4세기 무렵 성지 순례자 에게리아 수녀는 모세에게 헌정된 지성소가 느보산 정상에 있다고 언급했다.)

현재의 모세 기념관과 기념 교회는 2007년 기존의 모세 기념관을 새롭게 정비, 복원, 재단장하여 2016년에 느보산 방문자 누구에게나 문을 활짝 열었다. 누구도 모세의 무덤을 알 수는 없다. 하나님께서 '우리를 위하여' 그렇게 하셨다. 다만 모세 기념 교회는 모세의 무덤으로 '추정되는 장소'에 세워졌다.

모세 기념 교회 내부 전경

주후 5~6세기경 모세에게 헌정된 비잔틴 교회 터와 흔적

죽어 장사 되고 있는 모세와 천사들
모세를 장사 지내는 '천사'들은 누구인가?
He(God) buried him / Due. 34:6(NIV)

제대 뒤편, 모세와 사건을 표현한 스테인드글라스들
좌 : 반석을 쳐 물을 내는 모세(민수기 20장) / 중앙 : 모세와 불 뱀 놋뱀 사건(민수기 21장) / 우: 모세의 장사(신명기 34장)

느보산 전망대

모세가 선 곳,
마침내 그대가 설 곳 느보(Nebo_נבו), 시야가(Siyagha)

'느보'가 품고 있는 두 가지 뜻

히브리 성경 사전(ABARIM Publications)에 따르면 느보(נבו)는 선지자(Prophet), 대변인(Spokesman)이란 뜻이다. 일반적으로 '느보'라는 단어는 셈어 어근 - 명사 나비(נבא (nabi')에서 유래한 것으로 보는데, 히브리어에 '예언하다(prophesy)'는 뜻의 동사 נבא(나바)로 남아 있다. 어원의 다른 의견으로는 동사 나바(נבה_nabah) - 높다(High), 뛰어나다(prominent)에서 유래한 것으로 보기도 한다.

두 어원을 느보산의 성경적 '의미'와 실제적 '위치'를 연결해 생각해 보면 의미가 보다 잘 와닿는다.
전자는 광야에서 무려 40년 동안 광야에서 하나님과 대면, 동행하며 이스라엘을 영도한 구약의 가장 위대한 선지자(Prophet)이자 하나님의 대변자(Spokesman)였던 모세와 연결된다.

후자는 요르단강 동편, 세상에서 가장 낮은 곳인 해발 -430m 모압 평지에서 바라본 - 극적으로 뛰어나게(prominent) 높은 곳(High) - 느보산의 위치를 잘 대변해 준다. 느보산은 총 3개의 봉우리로 이루어져 있는데, 가장 높은 봉우리는 해발 835m의 니바(Ras al-Niba), 그 다음은 해발 790m의 무카얏트(Khirbetel-Mukhayyat), 그리고 해발 710m로 가장 낮으면서도 가장 중요한 봉우리인 시야가(Ras Siyagha)가 그것이다.

느보산 시야가 봉우리에서 내려다보는 풍경은 실제로 극적이다. 느보산 시야가 봉우리에 서서 저 아래, 사해의 북단과 연하는 모압평야의 고도 편차가 무려 1,100m 이상이기 때문이다. 더욱이 느보산에서 건너편 예루살렘 - 유대 광야까지 46km 사이에 아무것도 거칠 것이 없다. 느보산 시야가 봉우리에 서 보면, 하나님이 모세에게 이곳에서 약속의 땅 가나안을 모두 보여 주셨을 것(신명기 34장)이라는 성경적이자, 합리적인 결론에 도달하게 된다.

요단강 동편의 '시야가'

영혼을 울리는 말, 시야가(Siyagha) - 여기까지

모세가 모압 평지에서 느보산에 올라가 여리고 맞은편 비스가 산꼭대기에 이르매 여호와께서 길르앗 온 땅을 단까지 보이시고

Then Moses climbed Mount Nebo from the plains of Moab to the top of Pisgah, across from Jericho. There the LORD showed him the whole land--from Gilead to Dan <신 34:1>

바못에서 모압 들에 있는 골짜기에 이르러 광야가 내려다 보이는 비스가 산 꼭대기에 이르렀더라

and from Bamoth to the valley in Moab where the top of Pisgah overlooks the wastelan <민 21:20>

민수기와 신명기에 언급된 비스가(Pisgah, '고지', '꼭대기'라는 뜻)는 현재의 시야가 봉우리와 동일시된다. 느보산 성지를 지키고 있는 가톨릭 프란시스코 수도원이 설명이 그러하다. 한편, 동 수도원에서는 시야가는 고대 아람어 어원으로 '수도원(monastery), 수도사 공동체(community of monks)'를 의미한다고 명시하고 있다. 필자도 성지 가이드로서 성지 순례자들께 시야가를 소개할 때(보통은 느보산 시야가 봉우리가 쓰여있는 느보산 성지 입구 근처 기념비 앞에서 설명한다.) 공식적인 어원의 설명도 그와 같이하는 편이다.

그런데 여기 시야가의 또 다른 의미 하나를 소개하고자 한다. 시야가는 아람어 어원으로 '제한된, 한계를 둔'의 뜻을 가진다는 일부 성서학자의 의견이 있다. 그 어원을 요르단 태생 현지 기독교인이자 성서학자인 현지 가이드로부터 처음 들었을 때를 잊을 수 없다. 그 단어가 가슴을 크게 진동했기 때문이다. 그와 느보산을 동행했을 때 그는 "시야가의 진정한 의미를 알고 있습니까?"라며 내게 말을 걸었다. 나는 '수도원'이라 대답했다. 그때 나를 바라보던 그는 세상없는 환한 미소를 지으며 내게 'Limited'라고 한 단어로 얘기했다. (훗날 그날을 회상하면서 그분은 나를 위해 특별히 보내 주신 천사가 아닌가 싶었다. 그날 이후 다시는 그를 만날 수 없었기 때문이다.)

"리미티드(limited)!"

그 순간 시야가라는 단어가 머리에서 가슴으로 쑥 들어오면서 기독인으로서 생애 최고의 감동을 맛보았다. 그것은 마치 오랫동안 해결하지 못했던 문제의 답이 저절로 풀리는 느낌이었다.

'아, 시야가(Siyagha) - 리미티드(limited) - 여기까지!'

모세의 시야가 - 느보산에서 여기까지!

요르단에는 '시야가'의 의미와 감동이 넘친다. 무엇보다 120세였지만 누구보다 건장했던 모세를 느보산에서 시야가(여기까지!)하셨다. 그리고 여호수아에게 사명의 바톤을 넘겨 주었다.

여호와께서 너희 때문에 내게 진노하사 내 말을 듣지 아니하시고... 네 눈으로 그 땅을 바라보라 너는 이 요단을 건너지 못할 것임이니라 <신 3:23~29>

그런데 여호수아와 예수는 사실 같은 이름이다. 그렇다면 가나안을 목전에 둔 이스라엘을 마른 요단강을 영도하여 건넌 이가 누구인가? 그렇다. 여호수아(예수)다. 하나님께 율법을 받은 모세를 요단강 건너 약속된 땅 가나안 입성 직전에 '시야가 - 멈추신 이유'를 알 것도 같다.

엘리야의 시야가 - 모압 평지에서 여기까지!

모세와 더불어 구약의 가장 위대한 선지자 중 한 명인 엘리야를 느보산 아래 요르단 동편 모압 평지에서 '시야가~ 여기까지!'하셨다. 엘리야가 회오리 바람으로 하늘로 올라간 자리에는 엘리야 승천 기념지(텔 마르 엘리아스_Tell Mar Elias)가 있다. 위치는 요단강 동편 베다니(Bethany)다.

여호와께서 회오리 바람으로 엘리야를 하늘로 올리고자 하실 때에 <왕하 2:1>
두 사람이 길을 가며 말하더니 불수레와 불말들이 두 사람을 갈라놓고 엘리야가 회오리 바람으로 하늘로 올라가더라 <왕하 2:11>

엘리야 승천 사건은 신앙인에게는 매우 의미 깊다. 성경에 죽음 보지 않고 하늘로 들려 올려진 에녹과 더불어 2번째 인물이 되었기 때문이다. 신앙인의 가장 모범이 된 사례이자, 간절한 바람이 아닐 수 없다. 하지만 거기에서 멈추기엔 조금 아쉬움이 있다. 엘리야와 엘리사, 비슷한 이름에 담긴 진의를 알고 있다면 말이다. '내 하나님은 여호와이시다'라는 이름 뜻을 가진 엘리야와 '하나님은 구원이시다'라는 이름 뜻을 가진 엘리사는 사명의 바통을 주고받았다. 엘리야의 사역이 '내 하나님이 누구이신지' 규명하고 드러내는 것이었다면, 후계자 엘리사는 이제 그분께서 '무엇'을 하시고자 하는지 보여준다. 그렇다. 바로 구원이다.

세례 요한의 시야가 - 마케루스에서 여기까지!

예수님께 세례를 베푼 - 구약의 마지막 선지자 세례 요한은 요단강 동편 헤롯 안디바의 여름 별장 마케루스(Machaerus)에서 순교했다.(관련 근거: 유대 고대사 18장 / 요세푸스) 따라서 마케루스는 세례 요한의 시야가다. 세례 요한은 예수님이 세상에 본격적으로 드러나신 사건을 예비하고 담당한 비중 있는 성경 인물이다. 예수님보다 약 6개월 먼저 태어난, 예수님처럼 여전히 젊은 사람이었다. 성경은 예수님보다 먼저 회개를 촉구하며, 세례를 베풀었던 그를 따르는 무리가 많았고 증언하고 있다. '세례 요한과 예수님, 두 분이 세례를 베푸시면 훨씬 더 많은 수의 사람들에게 세례를 베풀 수 있지 않았을까?' 하는 인간적인 생각이 든다. 그런데 왜 하나님은 세례 요한을 멈추셨을까?
세례 요한이 광야에 이르러 죄 사함을 받게 하는 회개의 세례를 전파하니 온 유대 지방과 예루살렘 사람이 다 나아가 자기 죄를 자복하고 요단강에서 그에게 세례를 받더라 <막 1:4-5>

세례 요한은 그 등장만큼이나 순교도 남달랐다. 세례 요한의 순교는 그의 순교가 예수님이 본격적으로 세상에 드러나시는 길을 열었다는 점에서 매우 의미 있고, 중요하다. 또한 구약 - 율법의 시대에서 신약 - 복음의 시대로 전환되는 중요한 기점이 되었다. 세례 요한이 남긴 말씀을 통해 하나님께서 세례 요한을 멈추시게 하신 참 의미를 되새겨 보게 한다.

그는 흥하여야 하겠고 나는 쇠하여야 하리라 하니라 <요3:30>

각자에게 허락된 시야가를 향하여

모세, 엘리야, 세례 요한의 시야가는 누구를 위한, 무엇을 위한 멈추심일까? 깊게 묵상해 보면 더욱 다양한 의미로 받아들일 수 있을 것이다.
한편 확실한 것은 구약의 위대한 세 선지자 모세, 엘리야, 세례 요한을 굳이 약속의 땅, 축복의 땅 - 가나안을 바라보는 요단강 동편에서 멈추셨다는 것이다. 어떻게 받아들여야 할까? 어쩌면 이 사건들은 우리에게 더욱 힘써 요단강을 건너가기를, 그리하여 마침내 약속의 땅, 축복의 땅 - 가나안으로 들어가도록 재촉하는 것 같다. 유일한 구원의 길 되시는, 오직 예수 그리스도를 통하여 말이다.

예수님의 세례 터를 찾아서

#4

베다니

예수께서 세례를 받으신 것은 기독교사에서 그의 탄생, 죽음 및 부활과 더불어 가장 중요한 사건 중 하나였다.
기독교에서는 이날을 주현절(主顯節, Epiphany '주님이 나타나신 날') 또는 공현절(公現節, '공식적으로 나타나신 날')
이고 칭한다. 이날에 예수의 '신성(神性, Deity)'이 처음 드러났다. 바로 이날, 예수께서 세례 요한에게 세례받으시고,
신성으로 드러나신 때를 '기독교의 탄생'과 동일시한다.
한편, '사도 요한'이 기록한 신약 성경, 요한복음서에는 예수님이 '세례 요한'으로 부터 세례받으신 장소를 '특정'하여
기록하고 있다. 그 장소는 바로 '요단강 건너편 베다니_at Bethany on the other side of the Jordan'다. '요단강 건너편'은
어디이며, 예수께서는 왜 굳이 그곳 – '베다니'에서 세례를 받으셨을까?

** 기독교 종파별 예수님의 신성이 드러난 사건을 보는 견해: 서방 교회 – 가톨릭에서는 '예수의 탄생과 동방박사의
    경배' 사건을 주님의 '주현, 공현' 사건으로 본다. 한편, 동방 교회와 개신교는 예수님께서 세례받으신 사건(성부,
    성령 그리고 성자 하나님의 나타나심)을 '주현, 공현' 사건으로 본다.

미리 둘러보기
요단강 건너편 베다니

기독교의 탄생지 - 이유 있는 예수님 세례 터 경쟁

종교 상식으로 예수님이 세례 요한으로부터 세례를 받으신 곳이 요단강이라는 것은 잘 알고 있다. 그런데 그 세례받으신 요단강은 두 국가 - 이스라엘과 요르단의 국경이다. 그렇다. 예수께서 세례받으신 사건은 현재의 이스라엘 또는 요르단 어느 강가에서 일어났다. 세계 3대 유일신 종교 중 하나인 기독교의 탄생 순간, 그 장소가 무척이나 궁금하다. 이스라엘 쪽일까? 요르단 쪽일까?

예수님의 세례 사건을 연구한 선배 성서학자들, 성서 고고학자들의 오랜 질문은 바로 이것이었다. 예수 세례 터의 진짜 위치 말이다. 학자들만 진짜 세례 터의 위치를 두고 논쟁한 것은 아니었다. '진짜 예수 세례 터'를 두고 현재의 이스라엘과 요르단 두 국가가 치열하게 경쟁했다면 믿겠는가? 흥미로운 것은 유대교 국가와 이슬람 국가가 기독교 성지를 두고 경쟁했다는 사실이다. 그만큼 예수의 세례 받은 사건과 장소가 '인류 역사적 중요성'을 가진다는 의미가 아닐까?
한편, 예수님 세례 터 베다니는 국가의 종교 관광 산업 측면에도 매우 중요하다. 개인의 신앙심에 관계없이 종교 성지는 범세계적 관광 시장이다. 우리는 이 중요한 장소에 관심이 많은 기독교 인구가 20억 명(세계인구대비 30% 이상)이 넘는다는 것을 잘 알고 있다. 결론부터 말하자면 유네스코(UNESCO)는 요르단의 손을 들어 주었다. 2015년 7월, 요르단의 쪽 요단(요르단) 강 가 한 장소를 예수의 진짜 세례 터로 인정하며 유네스코 세계문화유산으로 정식 등재했다.

로마 교황청에서 지정한 요르단 5대 기독교 성지

지난 2,000년 기독교 대희년의 해, 교황 요한 바오로 2세는 이곳 요르단 건너편 베다니를 찾았다. 그는 이곳이 성서적, 역사적, 고고학적으로 검증된 예수의 참 세례 터 베다니라고 인정하였다. 이때 교황청에서 요르단 5대 성지를 공표, 지정했는데, 바로 이곳 예수님의 세례 터 베다니도 포함되었다. 참고로 로마 가톨릭 교황청에서 공표한 요르단 5대 기독교 성지는 북에서부터, 엘리야의 고향 - 디셉, 예수님이 쉬어 가신 곳이자 성모 마리아의 성소 - 안자라, 예수님의 세례 터 -베다니, 모세의 장사지 - 느보산, 세례 요한의 참수 터 - 마케루스다.

요르단 베다니 세례 터 ©Simon Balian, Baptism Site Commission

요르단 예수님 세례 터 (알 마그타스_Al-Maghtas)

주후 5세기 말, 예수님의 세례 사건을 기념하기 위해 바로 그 세례 터를 중심으로 비잔틴 교회(세례 요한 교회)가 세워졌고, 타일 모자이크 등으로 꾸며졌다. 비잔틴 시대부터 기독교 순례자들이 찾은 중요 성지로, 현재도 이스라엘, 요르단 지역을 통틀어 가장 중요한 성지 중 한 곳으로 손꼽힌다.
사해 북단으로부터 약 9km 거리, 암만으로부터 약 50km의 거리에 있다.
현지 지명은 알 마그타스(Al-Maghtas)다.

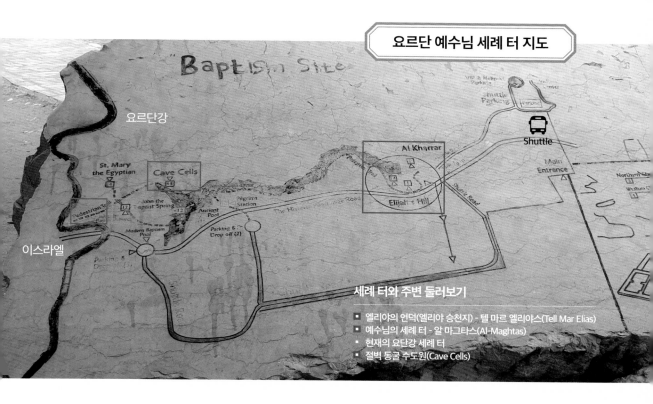

요르단 예수님 세례 터 지도

세례 터와 주변 둘러보기
- 엘리야의 언덕(엘리야 승천지) - 텔 마르 엘리야스(Tell Mar Elias)
- 예수님의 세례 터 - 알 마그타스(Al-Maghtas)
- 현재의 요단강 세례 터
- 절벽 동굴 수도원(Cave Cells)

📖 엘리야의 언덕(엘리야 승천지) - 텔 마르 엘리야스(Tell Mar Elias)

회오리바람으로 하늘로 올려진 엘리야를 기념하는 장소

요르단의 세례 터(Baptism site)에는 예수님의 세례 터만 있는 것이 아니다. 셔틀을 타고 세례 터 입구를 향해 가는 길에 가장 먼저 눈에 들어오는 것은 오래된 교회의 흔적(아치)이 인상적인 엘리야의 승천 기념 언덕이다. 비잔틴 시대에 교회가 세워져, 하나님에 의해 죽음을 보지 않고 하늘로 '승천된' 위대한 선지자 엘리야를 기념하였다.

📖 예수님의 세례터 - 알 마그타스(Al-Maghtas)

예수님이 세례를 받고, 마침내 신성을 드러내신 장소

현재의 요르단강 가로부터 안쪽으로 들어와 있는 곳이다. 대개의 순례자는 예수님의 세례 터가 요르단강 가에 있어야 할 것으로 생각하지만, 실상은 그렇지 않다. 요르단강은 여러 이유로 해를 거듭할수록 수량이 줄고 있다. 예수님 시대에는 요르단강이 지금에 비교할 수 없을 만큼 깊고 넓은 강이었다. 그때에는 아마 이 장소가 '요단강 가' 였을 것이다.

📖 현재의 요단강 세례 터

예수님 세례 터를 지나 더 나아가면 현재의 요르단강 가에 도착한다. 이스라엘과 요르단은 바로 이 요르단강을 절반으로 나눈 선을 국경으로 삼는다. 국경이라 비교적 삼엄하다. 하지만 요르단강에 손을 씻는 정도는 언제든 가능하다. 건너편 이스라엘 쪽에서는 세례(침례)받는(보통은 세례를 받은 기독인이 '세례 갱신식'을 한다) 감동적인 모습도 볼 수 있다.

225

알고 있어도 방문하기 쉽지 않은 곳

일반적으로 요르단 성지 순례는 2박 3일, 또는 3박 4일의 짧은 일정으로 이루어진다. 요르단 성지 가이드로서는 무척이나 아쉬운 부분이다. 이스라엘 - 예수님의 탄생과 행적을 중심으로 따라가는 - 성지 순례의 중요성을 충분히 인정하면서도, 절대적으로 짧은 요르단 순례 일정의 아쉬움이란... 짧은 순례 일정으로 이스라엘 - 요르단 국경을 오가는 각각의 하룻날을 제외하면, 단 하루 또는 길어도 이틀의 시간밖에 없다. 요단강 건너편, 현재의 요르단 곳곳에 남아있는 성경의 중요 장소들이 얼마나 많은지 모른다. 예수님의 세례 터 베다니도 그런 곳 중 하나다.

연간 20만여 명이 요르단 - 예수님의 세례 터를 찾는다고 하는데, 한국 순례자들은 유독 적다. 짧은 요르단 순례 일정으로 방문할 시간적 여유가 없다. 예수님의 세례 터 베다니는 암만에서 약 1시간 거리(약 50km)를 이동해야 하고, 현장 도착해서는 국경지대에 출입 절차에 따라 입구에서 출발하는 - 지정된 셔틀로만 세례 터까지 이동(또는 전기 카트 개인 대여, 유료)해야 한다. 물론 복귀도 마찬가지다. 따라서 최소 3시간 이상 순례 시간이 소요된다. 짧은 순례 일정, (특히 성지 순례 패키지 같은 경우) 여러 곳을 방문해야 하는 상황에서는 제대로 순례하기 어려운 장소이다. 또한, 이스라엘, 요르단 국경 지대로 요단강에 들어가 세례를 경험해 보려면 사전 신청, 허가가 필요하다. 상황이 이렇다 보니 예수님 세례의 의미는 되새기면서, 세례 터 접근성의 편의를 고려해 이스라엘 쪽 예수님의 요단강 세례 터(카스르 알 야후드, Qasr Al Yahud)를 자주 찾게 된다. 무엇보다 이스라엘 쪽 기념 세례 터의 입장료가 없다.

그럼에도 불구하고
방문할 가치가 충분히 있는 장소

개인적으로 또 요르단 성지 가이드로서, 순례자의 시간과 여건이 허락된다면 요르단의 예수님 세례 터를 방문해 보기를 강력히 추천한다. 그 이유는 요르단 베다니 세례 터에는 예수님 세례 터만 있는게 아니기 때문이다. 그곳에는 예수님의 길을 준비했던 광야의 외치는 소리 - 세례 요한의 발자취가 남아 있고, 구약의 가장 위대한 선지자로 손꼽히는 엘리야의 마지막 행적과 승천 기념 터가 있다. 따라서 베다니는 엘리야와 세례 요한, 그리고 예수님을 만날 수 있는 가장 중요한 성지(聖址, 성경의 장소) 중 하나다.

예수님 세례 기념 교회 그리스 정교회(세례 요한 교회)
©Bob McCaffrey, Jesus baptism site - River Jordan via Wikimedia CommonsSite Commission

정교회 내 엘리야 승천 사건 성화
©David Bjorgen Mural - Elisha via Wikimedia Commons

정교회 내 예수님 세례 사건 성화
©Freedom's Falcon, CC BY-SA 3.0, via Wikimedia Commons

베다니 절벽 동굴 수도원(Cave Cells)
©Fallaner, Creative Commons Attribution-Share Alike 4.0 via Wikimedia Commons

요단강 건너편 베다니

아니, 배다른? 베다니! 라구요?

흥미롭게도 예수님 시대에 요단강 동편과 서편에 모두 '베다니'라는 마을이 있었다. 대게는 '베다니'라고 하면 요단강 서편 - 현재의 이스라엘 쪽 - 베다니를 떠올린다.

예수께서 와서 보시니 나사로가 무덤에 있은 지 이미 나흘이라 베다니는 예루살렘에서 가깝기가 한 오 리쯤 되매 <요 11:17-18>

예수께서 죽은 나사로를 살리신 기적의 현장이 바로 '예루살렘에서 가까운 베다니'였다. 나사로가 마리아, 마르다와 함께 살았던 '가난한 자의 집'이란 뜻을 가진 베다니다. 그런데 이 나사로의 기적을 기록한 바로 그 사도 요한이 같은 복음서 - 요한복음에 - 예수는 '요단강 건너편 베다니'에서 세례 요한으로부터 세례를 받았다고 구별하여 기록했다. 다시 말해 두 중요 사건에 관하여 '같은 이름의 다른 장소'를 한 저자가 구별해서 기록했다는 말이다. 이로써 '다른' 베다니의 타당성이 입증된다. 필자는 현장 순례길에서 '배다른? 베다니!'라고 워드 플레이를 섞어 설명하곤 하는데, 기적의 주체 - 예수님과 기적이 발생한 장소 이름은 같지만, 기적의 내용이 전혀 다르기 때문이다. (너무 심각하게 생각하지 말고 한번 웃고 넘어가기를 바란다.)

이 일은 요한이 세례 베풀던 곳 요단강 건너편 베다니에서 일어난 일이니라 <요1:28>

성서 시대, 또 성경의 기록에 '요단강 건너편'은 현재의 요르단 지역을 의미했다. 이제 우리는 익히 잘 알고 있는 '나사로의 베다니' 말고도, 요단강 건너편에 같은 이름을 가진 동네 - '또 다른 베다니'가 있었다는 것을 확실히 알게 됐다.

베다니와 엘리야, 세례 요한 그리고 예수님

구약 성경의 예언과 예수님의 증언은 세례 요한이 보내시기로 한 선지자 엘리야라고 알려 주고 있다. 그래서일까? 성경에 묘사된 두 선지자의 외모가 매우 비슷하다.

그는 털이 많은 사람인데 허리에 가죽 띠를 띠었더이다 하니 왕이 이르되 그는 디셉 사람 엘리야로다 <왕하 1:8> 요한은 낙타털 옷을 입고 허리에 가죽 띠를 띠고 <막 1:6>

더욱이 세례 요한은 엘리야가 승천한 바로 그 장소, 그 광야에서 포효하는 사자와 같이 회개를 외침으로 주님의 길을 예비했다. 성경의 예언이 틀림없이 이루어진 것이다.

보라 여호와의 크고 두려운 날이 이르기 전에 내가 선지자 엘리야를 너희에게 보내리니 그가 아버지의 마음을 자녀에게로 돌이키게 하고 자녀들의 마음을 그들의 아버지에게로 돌이키게 하리라 돌이키지 아니하면 두렵건대 내가 와서 저주로 그 땅을 칠까 하노라 하시니라 <말4:5-6>

모든 선지자와 율법이 예언한 것은 요한까지니 만일 너희가 즐겨 받을진대 오리라 한 엘리야가 곧 이 사람이니라 <마 11:13-14>

내가 너희에게 말하노니 엘리야가 이미 왔으되 사람들이 알지 못하고 임의로 대우하였도다 인자도 이와 같이 그들에게 고난을 받으리라 하시니 그제서야 제자들이 예수께서 말씀하신 것이 세례 요한인 줄을 깨달으니라 <마 17:12-13>

요르단 마다바에서 발견된 주후 6세기경 제작된 모자이크 성지 지도에 세례 요한이 세례를 베풀었던 (추정) 장소가 표시되어 있다. 이 성지 지도는 요르단 쪽 베다니가 예수님의 세례 터라는 여러 증거 자료 중 하나로 제시된다. 한편, 사해와 요단강이 만나는 지점에 물고기가 표현되어 있는데, 어떤 학자들은 이 물고기가 초기 기독교 시대에 '세례'를 상징하는 표시였다고 설명한다.

마다바 성지 지도

구약 / 율법과 예언의 시대 ⟶

엘리야, 죽음을 보지 않고 승천

...선지자의 제자 오십 명이 가서 멀리 서서 바라보매 그 두 사람이 요단 가에 서 있더니 엘리야가 겉옷을 가지고 말아 물을 치매 물이 이리 저리 갈라지고 두 사람이 마른 땅 위로 건너더라... 두 사람이 길을 가며 말하더니 불수레와 불말들이 두 사람을 갈라놓고 엘리야가 회오리 바람으로 하늘로 올라가더라 <왕하 2:1-14>

엘리야는 죽음을 보지 않고 하늘로 올려진 에녹(창 5:24, 히 11:5)에 이은, 성경 역사상 2번째 인물이었다. 문득 이런 생각이 든다. 왜 하나님은 엘리야를 죽음 없이 올리신 걸까? 혹, 엘리야에게 아직 끝나지 않은 사명이 남아 있었던 것은 아닐까? 성경에 하나님은 엘리야를 다시 보내겠다고 하셨다.

불수레로 들려 올려지는 엘리야(Elijah Taken Up in a Chariot of Fire) / Giuseppe Angeli

구약 / 신약 시대 전환기 ⟶

세례 요한(St. John the Baptist) / Titian

세례 요한의 등장, 성장, 준비됨

<막 1:2-5> 2 선지자 이사야의 글에 보라 내가 내 사자를 네 앞에 보내노니 그가 네 길을 준비하리라 3 광야에 외치는 자의 소리가 있어 이르되 너희는 주의 길을 준비하라 그의 오실 길을 곧게 하라 기록된 것과 같이 4 세례 요한이 광야에 이르러 죄 사함을 받게 하는 회개의 세례를 전파하니 5 온 유대 지방과 예루살렘 사람이 다 나아가 자기 죄를 자복하고 요단강에서 그에게 세례를 받더라

선지자 이사야와 말라기의 예언대로 엘리야는 다시 보내어졌다. 세례 요한은 다시 보내진 엘리야다. 예수님이 세례 요한을 미리 보내시기로 한 엘리야라고 확언하셨다. 성경 예언이 그대로 성취되었다.

예루살렘 제사장, 유력 가문 출신인 세례 요한은 스스로 청빈의 삶을 택했다. 그는 광야에서 주님의 길을 예비했다. 그의 영향력은 대단했다. 온 유대, 예루살렘 지방 사람이 그에게 세례를 받았다. 한편, 그는 물로 세례를 베풀었다. 그 세례는 회개와 중생(重生) - 거듭남을 의미했다.

신약 / 복음 시대 개막 ⟶

예수님의 세례

삼위 하나님의 현현, 예수님의 세례 받으심과 기독교의 탄생

<마 3:14-17> 14 요한이 말려 이르되 내가 당신에게서 세례를 받아야 할 터인데 당신이 내게로 오시나이까 15 예수께서 대답하여 이르시되 이제 허락하라 우리가 이와 같이 하여 모든 의를 이루는 것이 합당하니라 하시니 이에 요한이 허락하는지라 16 예수께서 세례를 받으시고 곧 물에서 올라오실새 하늘이 열리고 하나님의 성령이 비둘기 같이 내려 자기 위에 임하심을 보시더니 17 하늘로부터 소리가 있어 말씀하시되 이는 내 사랑하는 아들이요 내 기뻐하는 자라 하시니라

예수님은 세례 요한에게 세례를 청하셨다. 예수님은 세례의 중요성을 니고데모에게 이렇게 설명하셨다. '사람이 물과 성령으로 나지 아니하면 하나님의 나라에 들어갈 수 없느니라' <요 3:5>

예수님이 세례를 받으셨을 때 삼위(성부, 성령, 성자)의 하나님이 온전히 드러나심으로, 신약 곧 복음의 시대가 시작되었다.

모압 평지 역사 파노라마

요단강과 사해가 만나는 지점은 세상에서 가장 낮은 곳(해발 -430m)으로 사해 북단, 요단강이 사해로 수렴되는 지역은 성경적, 전통적으로 '모압 평지'로 불렸다. 그런데 그곳이 예사롭지 않다. 모압 평지에 위치한 베다니의 뜻은 '가난한 자(낮은 자)의 집'이다. 의미적, 실제적으로 '세상에서 가장 낮은 곳', 그곳에선 무슨 일이 있었을까?

무릇 자기를 높이는 자는 낮아지고 자기를 낮추는 자는 높아지리라 <눅14:1>

요단강

모압 평지

(길갈)

(여리고)   (베다니)

사해

(마케루스)

주전 13세기
(또는 15세기)

출애굽한 모세와 이스라엘, 모압 평지 도착
이스라엘 자손이 또 길을 떠나 모압 평지에 진을 쳤으니 요단 건너편 곧 여리고 맞은편이더라 <민 21:1>

여호수아 이스라엘 영도 시작
내 종 모세가 죽었으니 이제 너는 이 모든 백성과 더불어 일어나 이 요단을 건너 내가 그들 곧 이스라엘 자손에게 주는 그 땅으로 가라 <수 1:2>

주전 9세기

엘리야, 엘리사와 함께 마른 요단강 도하
엘리야가 겉옷을 가지고 말아 물을 치매 물이 이리저리 갈라지고 두 사람이 마른 땅 위로 건너더라 <왕하 2:8>

엘리야 승천
두 사람이 길을 가며 말하더니 불수레와 불말들이 두 사람을 갈라놓고 엘리야가 회오리바람으로 하늘로 올라가더라 <왕하 2:11>

엘리사 마른 요단강 도하
...그도 물을 치매 물이 이리 저리 갈라지고 엘리사가 건너니라 <왕하 2:14>

BC / AD 전환

세례 요한의 등장과 성장
아이가 자라며 심령이 강하여지며 이스라엘에게 나타나는 날까지 빈 들에 있으니라 <눅 1:80>

주후 1세기

세례 요한, 물로 세례를 베품
온 유대 지방과 예루살렘 사람이 다 나아가 자기 죄를 자복하고 요단강에서 그에게 세례를 받더라 <막 1:5>

예수님 세례받으심, 공생애 시작
예수께서 세례를 받으시고 곧 물에서 올라오실새 하늘이 열리고 하나님의 성령이 비둘기 같이 내려 자기 위에 임하심을 보시더니 하늘로부터 소리가 있어 말씀하시되 이는 내 사랑하는 아들이요 내 기뻐하는 자라 하시니라 <마 3:16-17>

참된 복음, '길, 진리, 생명'이신 예수 그리스도
하나님의 아들 예수 그리스도의 복음의 시작이라 <막 1:1>
예수께서 이르시되 내가 곧 길이요 진리요 생명이니 나로 말미암지 않고는 아버지께로 올 자가 없느니라 <요 14:6>

현재

229

부록 요르단 성지 정보

Jordan
Bible Site
Information

rabbath-ammon

pottery neolithic
5500 BC - 4500 BC

chalcolithic
4500 BC - 3300 BC

bronze age
3300 BC - 1200 BC

iron age
1200 BC - 539 BC

persian
539 BC - 332 BC

hellenistic
332 BC - 63 BC

The emerging settlement was named Rabbath Ammon and centered here during the Ammonite Period (Iron Age)

요르단 약사

랍바 암몬(rabbah ammon)
부족 ~ 1200 BC(수도) - 539 BC

페르시아(바사) 제국(persian)
539 BC - 332 BC

헬라 제국(hellenistic)
332 BC - 63 BC

***나바테안(nabataean)**
312 BC - 106 AD

헬라 제국 - 필라델피아(philadelphia)
218 BC - 63 BC

로마 제국 - 데카폴리스(decapolis)
63 BC - 324 AD

비잔틴 제국(byzantine)
324 BC - 635 AD

정통 칼리프(rashidun caliphs)
635 AD - 661 AD

암만 - 우마이야 왕조(umayyad)
661 AD - 750 AD

압바스 왕조(abbasid)
750 AD - 969 AD

파티마 왕조(fatimid)
969 AD - 1171 AD

아이유브 왕조(ayyubid)
1171 AD - 1263 AD

맘루크 왕조(mamluk peri.)
1250 AD - 1516 AD

오스만 제국(ottoman peri.)
1516 AD - 1917 AD

영국 위임통치(british mandate)
1917 AD - 1946 AD

트란스요르단 토후국(emirate of transjordan)
1921. 4. - 1946 AD

요르단 하심 왕국
(the hashemite kingdom of jordan)
1946 AD ~ 현재

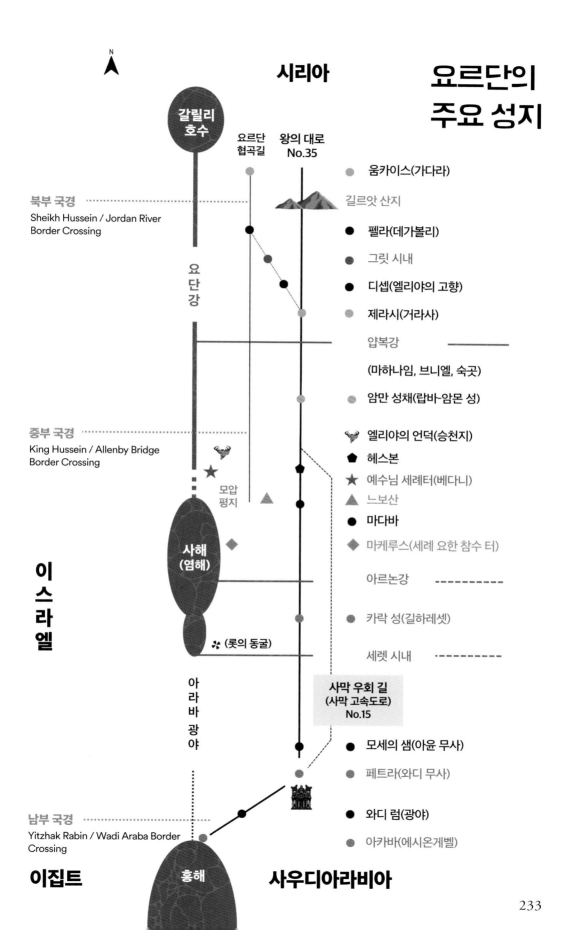

시리아

요르단의
주요 성지

갈릴리
호수

요르단
협곡길

왕의 대로
No.35

움카이스(가다라)

북부 국경
Sheikh Hussein / Jordan River
Border Crossing

길르앗 산지

펠라(데가볼리)

요단강

그릿 시내

디셉(엘리야의 고향)

제라시(거라사)

얍복강

(마하나임, 브니엘, 숙곳)

암만 성채(랍바-암몬 성)

엘리야의 언덕(승천지)

중부 국경
King Hussein / Allenby Bridge
Border Crossing

헤스본

예수님 세례터(베다니)

모압
평지

느보산

마다바

마케루스(세례 요한 참수 터)

사해
(염해)

아르논강

카락 성(길하레셋)

(롯의 동굴)

세렛 시내

이스라엘

아라바광야

사막 우회 길
(사막 고속도로)
No.15

모세의 샘(아윤 무사)

페트라(와디 무사)

남부 국경
Yitzhak Rabin / Wadi Araba Border
Crossing

와디 럼(광야)

아카바(에시온게벨)

이집트

홍해

사우디아라비아

헷갈리는 장소 명칭 미리 일러두기
성지 순례 전 Check

현재와 과거가 공존하는 요르단

과거와 현재, 일반 명칭과 기독교적 명칭이 공존하고 있는 몇몇 장소들은 종종 요르단 순례자들의 혼란을 초래한다. 구글이나, 여행 지도에서는 일반(현재)명칭으로 검색해야 정확한 장소를 찾을 수 있다. 물론, 현지인에게 길을 물을 때도 현재명칭을 사용해야 빠르게 도움받을 수 있다.

일반(현재) 명칭	성지 순례(성서) 명칭

골란 고원(Golan heights) → **바산(의) 골란(Golan in Bashan)**

갈릴리 호(Sea of Galilee) → **구약 : 긴네렛 바다, 신약 : 게네사렛 호수**

요르단강(Jordan river) → **요단강(Jordan river)**

움카이스(Umm Qais) → **가다라(Gadara)**

움카이스는 요르단과 이스라엘 서북 경계 지점이 위치한다. 이 도시는 기원 전 후 암만(필라델피아), 제라시(거라사)와 더불어 요르단강 동편, 가장 큰 융성한 도시들 중 하나였다. 현재는 로마 극장과 일부 건축물과 기둥, 조각들이 폐허로 남아 있다. 골란 고원과 갈릴리 호수가 한 눈에, 극적인 파노라마로 조망되는 곳이다.

또 예수께서 건너편 가다라 지방에 가시매 귀신 들린 자 둘이 무덤 사이에서 나와 예수를 만나니 그들은 몹시 사나워 아무도 그 길로 지나갈 수 없을 지경이더라 / 마8:28
다수의 성서 학자들이 마태복음의 수신자가 이 지역을 잘 알고 있는 유대인임을 고려, 가다라를 군대 귀신 들린 사람 들을 고친 바로 그 장소로 지목한다.

텔 마르 엘리아스(Tell Mar Elias) → **길르앗 디셉(Tishbe in Gilead)**

텔마르 엘리아스(Tell Mar Elias)는 '성 엘리아의 언덕(Hill of Saint Elijah)'이란 뜻으로, 기독교 구약 성경에 등장하는 가장 유명한 선지자(예언자) 엘리야의 고향이다. 가톨릭교황청에서 공표한 요르단의 기독교 5대 성지 중 한 곳으로, 행정구역상 아즐룬 지역에 위치한다. 비잔틴 시대에 세워진 교회 터가 남아 있고, 건너편 이스라엘까지 조망할 수 있다.

길르앗에 우거하는 자 중에 디셉 사람 엘리야가 아합에게 말하되 내가 섬기는 이스라엘의 하나님 여호와께서 살아 계심을 두고 맹세하노니 내 말이 없으면 수년 동안 비도 이슬도 있지 아니하리라 하니라 / 왕상17:1 디셉은 구약의 가장 위대한 선지자 중 한 명인 엘리야의 고향이다. 그곳에서 이스라엘 아합 왕에게 보냄을 받았다.

데이르 알라(Deir Alla, Tall Dier Alla) → **숙곳(Succoth)**

데이르 알라는 물리적으로 또한 형이상학적으로 '높은 곳_The high place)'이란 뜻인데, 실제로 높은 언덕이다. 위치적으로는 요르단강과 얍복강이 합류한 지점과 멀지 않다. 고고학 발굴이후 관리가 잘 되고 있진 않지만, 요르단 협곡길(Jordan Vally Higway) 바로 옆에 위치하고 있어 관심있는 여행객이라면 쉽게 둘러볼 수 있는 곳이다.

야곱은 숙곳에 이르러 자기를 위하여 집을 짓고 그의 가축을 위하여 우릿간을 지었으므로 그 땅 이름을 숙곳이라 부르더라 / 창33:17
창세기 33장에 처음 등장 하는 숙곳은 야곱이 요단강을 건넌 후 극적으로 형 에서와 화해한 후 방향을 돌려 잠시 머문 곳이다. 출애굽 여정(민수기 33장)의 숙곳과는 구분된다.

제라시(Jerash) → **거라사(Gerasa)**

요르단 남쪽에 페트라가 있다면, 요르단 북부에는 제라시가 있다! '중동의 폼페이', '1000개의 기둥의 도시'라는 별칭을 가지고 있으며, 지진으로 황폐해진 도시에 여전히 건재하는 기둥들만으로도 당시에 얼마나 대단한 도시였는지 직감할 수 있다. 요르단 북부에서 가장 유명한 관광지로, 히포드럼, 개선문 등 중동에서 만난 로마 유적이 매우 경이롭다.

예수께서 바다 건너편 거라사인의 지방에 이르러 배에서 나오시매 곧 더러운 귀신 들린 사람이 무덤 사이에서 나와 예수를 만나니라 / 막5:1-2
제라시는 예수님 시대에 거라사(데가볼리, Decapolis)로 불렸다. 현재뿐만 아니라, 예수님 시대에도 그리스-로마 스타일로 세워진 도시는 상당히 이국적이었을 것이다.

왕의 대로 (King's Highway)

자르카강(Zarqa river), 얍복강(구글)

자르카강(얍복강)은 요르단의 수도 암만 변경에서 발원하여 요르단강에 수렴된다. 자르카강은 요르단에서 보기 드문 상시천으로, 건조한 요르단의 젖줄이다. 연간 강수량이 150mm 밖에 되지 않는 요르단의 평균 강수량을 고려할 때, 연중 물이 흐르는 상시천은 그야말로 축복 중 축복이다.

암만 성채(Amman Citadel)

고대 암몬의 도성으로, 이슬람 시대에 들어와 현재의 도시명인 암만으로 불리게 되었다. 왕의 대로상 교통 요충지로 고대 무역로의 중심지 역할을 담당했다. 로마에 정복당한 후 재건된 성채가 지금의 암만 성채로, 그 흔적이 남아있다.

히스반(Hisban)

암만 근교에 위치한 히스반(텔 히스반)은 고고학적으로 발굴, 증명 된 매우 중요한 성서 유적지 중 하나다. 대대적인 발굴을 통해 최기저 층에 아모리 족속의 흔적이 발굴되었고, 시기 또한 출애굽 때인 B.C 12c 이전 것으로 확인됐다.

와디 무집(Wadi al Mujib)

요르단의 '그랜드캐니언'이라 불리는 장엄한 광야 협곡이다. 서로는 해발 -430m 사해가, 동으로는 해발 1,000m에 달하는 고원 평지가 이루는 고도 편차로, 극적인 풍경을 이룬다. 고대 무역로 '왕의 대로'를 품고 있어 더욱 극적이다.

카락성(Kerak Castle)

카락성은 중세(12 세기 중엽) 십자군 시대에 축조 된, 왕의대로를 통제할 수 있는 교통 요충지에 위치한 난공불락의 성이었다. 리틀릿 스콧 감독의 영화 <킹덤 오브 헤븐>의 한 배경이기도 하다.

페트라(Petra) = 와디 무사(Wadi Musa)

'신 세계 7대 불가사의'로 손꼽힌 - 페트라는 헬라어로 '바위'라는 뜻이다. 페트라는 현지에서 '와디 무사'라고 불리는데, 직역하면 '모세의 와디(건천)'이다. 학자들은 출애굽한 모세와 이스라엘이 이 협곡을 지나갔다는 현지 전승에 따라 붙여진 이름으로 추정한다. 그러나 모세와 이스라엘이 와디 무사를 지났을 가능성은 희박하다.

제벨 하룬(Jebel Haroun)

제벨 하룬은 아랍어로 '아론의 산'이란 뜻으로, 페트라 근방 높은 바위산이다. 지역 전승에 따르면 제벨 하룬에 모세의 형이자 초대 대제사장이었던 아론의 무덤이 있다고 한다. 아론은 유대교, 기독교뿐만 아니라 이슬람교에서도 중요 인물로 여겨지며, 현재까지 산정상에 아론의 무덤(가묘)이 보존되어 있다.

아카바(Aqaba)

아카바는 홍해 변에 위치한 요르단의 유일한 항구 도시다. 한편, 시나이 반도를 중심으로 우측에 위치해 있는 홍해는 '아카바만', 서쪽에 위치해 있는 홍해는 '수에즈만'이다.

얍복강(야곱이 이스라엘 된)

밤에 일어나 두 아내와 두 여종과 열한 아들을 인도하여 얍복 나루를 건널새... 그가 이르되 네 이름을 다시는 야곱이라 부를 것이 아니요 이스라엘이라 부를 것이니... 창32:22-30
야곱은 얍복강 가에서 '이스라엘'이라는 이름을 얻었다.

랍바 암몬(암몬)

요압이 암몬 자손의 랍바를 쳐서 그 왕성을 점령하매 요압이 전령을 다윗에게 보내 이르되 내가 랍바 곧 물들의 성읍을 쳐서 점령하였으니 / 삼하12:26-27
다윗이 밧세바를 불의로 취한 사건의 주요 배경이다.

헤스본(아모리 족속, 시혼 왕의 도성)

... 길하레셋의 돌들은 남기고 물매꾼이 두루 다니며 치니라/ 열상3:25 모압 왕 메사가 엘리사를 위시한 이스라엘 연합군에 크게 패한, 마침내 자기 맏아들까지 바친 모압의 큰 성읍이다.

아르논 골짜기(모압과 아모리 경계)

거기를 떠나 아모리인의 영토에서 흘러 나와서 광야에 이른 아르논강 건너편에 진을 쳤으니 아르논은 모압과 아모리 사이에서 모압의 경계가 된 곳이라 / 민21:13
모세와 이스라엘이 아모리 왕 시혼에 승리한 시작점이다.

길하레셋(모압)

...길하레셋의 돌들은 남기고 물매꾼이 두루 다니며 치니라 / 열상3:25 모압 왕 메사가 엘리사를 위시한 이스라엘 연합군에 크게 패한, 마침내 자기 맏아들까지 바친 모압의 큰 성읍이다.

에돔(변경), 세일 산지

에돔 왕이 이같이 이스라엘이 그의 영토로 지나감을 용납하지 아니하므로 이스라엘이 그들에게서 돌이키니라 / 민20:21 출애굽 당시 에돔의 변경(당시 에돔의 수도는 보스라)으로, 에돔 왕은 모세와 이스라엘이 그들의 땅을 지나감을 허락지 않았고, 모세와 이스라엘은 에돔을 우회해야만 했다.

아론의 산 = 호르산(Mount Hor) 추정지

모세가 여호와의 명령을 따라 그들과 함께 회중의 목전에서 호르산에 오르니라 모세가 아론의 옷을 벗겨 그의 아들 엘르아살에게 입히매 아론이 그 산 꼭대기에서 죽으니라 / 민20:27-28 논란의 여지가 있으나, 아론이 하나님의 부름을 받아 죽은 에돔 땅 변경(민20:22-23) - 호르산 추정지다.

에시온게벨(홍해 물 가의 엘롯 근처)

솔로몬 왕이 에돔 땅 홍해 물 가의 엘롯 근처 에시온게벨에서 배들을 지은지라 / 열상9:26
홍해변 에시온 게벨이 처음 구체적으로 언급된 곳이다.

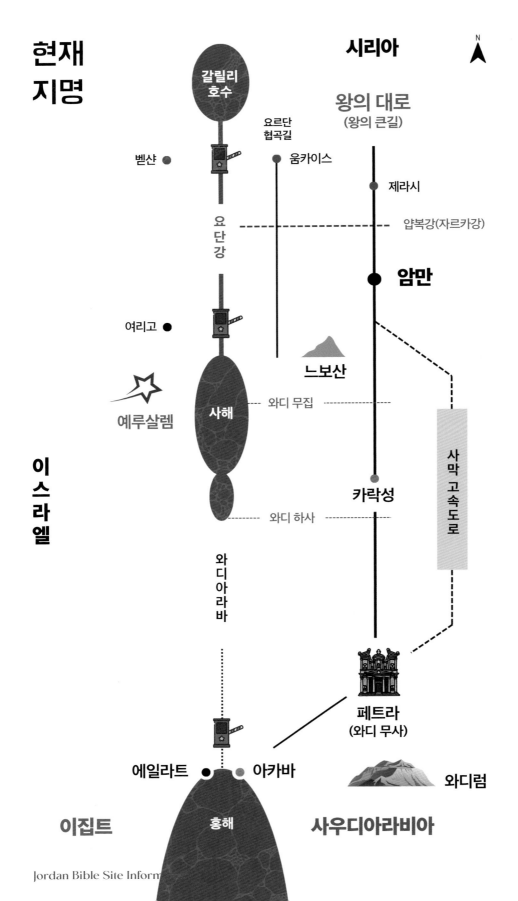

현재
지명

시리아

N

갈릴리
호수

왕의 대로
(왕의 큰길)

요르단
협곡길

벧샨

움카이스

제라시

얍복강(자르카강)

요
단
강

암만

여리고

느보산

예루살렘

사해

와디 무집

사
막
고
속
도
로

이
스
라
엘

카락성

와디 하사

와
디
아
라
바

페트라
(와디 무사)

에일라트

아카바

와디럼

이집트

홍해

사우디아라비아

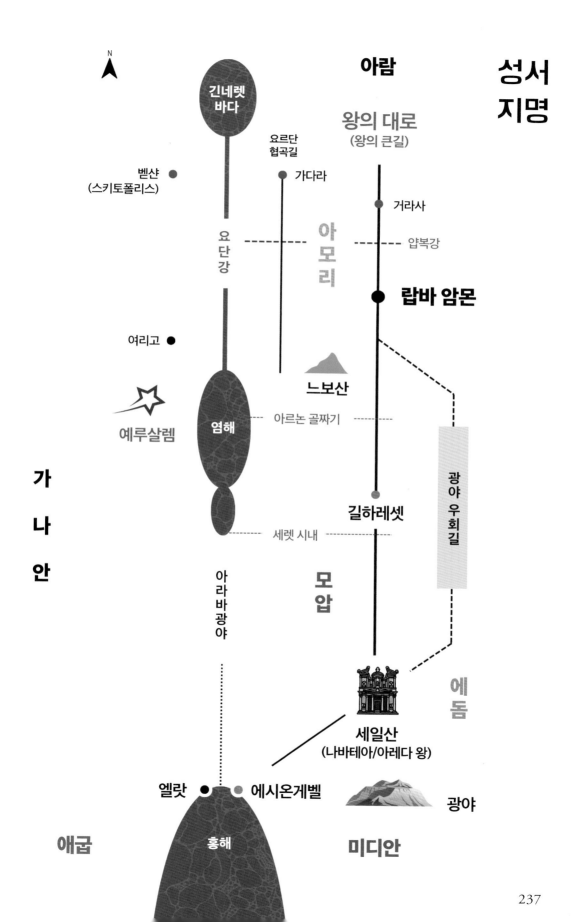

성서
지명

긴네렛
바다

아람

왕의 대로
(왕의 큰길)

요르단
협곡길

가다라

거라사

벧샨
(스키토폴리스)

아
모
리

얍복강

요
단
강

랍바 암몬

여리고

느보산

예루살렘

염해

아르논 골짜기

길하레셋

광
야
우
회
길

세렛 시내

아
라
바
광
야

모
압

에
돔

세일산
(나바테아/아레다 왕)

엘랏

에시온게벨

광야

애굽

홍해

미디안

파노라마 요르단

초판 1쇄 인쇄일 2025년 1월 5일
초판 1쇄 발행일 2025년 1월 15일

지은이 우성길, 이강만, 마성호, 우예인, 우예닮

발행인 조윤성

편집 김화평, 추윤영 **디자인** 서진아, 김진이 **마케팅** 이지희
발행처 ㈜SIGONGSA **주소** 서울시 성동구 광나루로 172 린하우스 4층(우편번호 04791)
대표전화 02-3486-6877 **팩스(주문)** 02-598-4245
홈페이지 www.sigongsa.com / www.sigongjunior.com

글 ⓒ 우성길, 이강만, 마성호, 2025

ISBN 979-11-7125-792-8 03230

*SIGONGSA는 시공간을 넘는 무한한 콘텐츠 세상을 만듭니다.
*SIGONGSA는 더 나은 내일을 함께 만들 여러분의 소중한 의견을 기다립니다.
*잘못 만들어진 책은 구입하신 곳에서 바꾸어 드립니다.

WEPUB 원스톱 출판 투고 플랫폼 '위펍' __wepub.kr
위펍은 다양한 콘텐츠 발굴과 확장의 기회를 높여주는
SIGONGSA의 출판IP 투고·매칭 플랫폼입니다.